L'ITINÉRAIRE

DE LA MÊME AUTEUR CHEZ ALTER REAL :

Bestseller

You want it darker

Collection Real suspense
Directrice de collection : Violaine Georgiadis
Illustration couverture : Edantes
ISBN papier : 9782385752521
Dépôt : octobre 2024

Achevé d'imprimer en France sur les presses numériques de Dupliprint (95).
N° d'impression : 2024090226

Vous pouvez consulter l'intégralité de notre catalogue sur notre site :
www.editions-alter-real.com

Pour suivre nos actualités, rejoignez-nous sur Facebook (Editions Alter Real), sur Instagram (@alterrealeditions) et sur Tiktok (@editionsalterreal).

EFSY WASHINGTON

L'ITINÉRAIRE

Alter Real
Éditions

QUI EST EFSY WASHIGTON ?
L'ÉNIGME TOUJOURS PAS RÉSOLUE...

Efsy Washington est le pseudonyme d'une ou d'un romancier n'ayant, à ce jour, pas été identifié(e).

Une grande expérience lancée sur les réseaux sociaux en 2023 et cautionnée par l'écrivain Franck Thilliez invite les lecteurs à se mettre sur sa piste.

Des soupçons pèsent sur de nombreux romanciers tels que Franck Thilliez lui-même, Guillaume Musso, David Foenkinos, Bret Easton Ellis, Barbara Abel, Bernard Werber, Michel Bussi, Maxime Chattam ou encore Olivier Norek.

En direct dans une émission télévisée sur la RTBF, le journaliste belge Michel Dufranne émet l'hypothèse qu'Efsy Washington serait en réalité Marc Lévy.

À Kurt Cobain

À S. Vinci,

La spagna è stata bella e rilassante ma il momento arriverà presto.

Lui, lassù, lo sa...

Preparati per il conto !

Avertissement

Ce livre peut heurter la sensibilité de certains lecteurs. Il est réservé à un public adulte.

Il s'inspire de faits réels.

Au-delà de ces faits avérés et reconnus par la justice italienne, toute ressemblance, ne serait-ce que fortuite, avec des personnages connus est le fruit de l'imagination de l'auteur à seule fin artistique.

Bonne route…

Une invraisemblance est une autre vision de la vérité.
Esfy Washington

PRÉAMBULE

Qui que vous soyez, quand vous lirez ceci, il est évident que je serai mort ou en prison. J'aurai aussi fait la une de l'actualité. Des journalistes, des flics, des petits juges vous auront raconté tout un tas de conneries à mon sujet. Alors, vous penserez m'avoir cerné. Vous serez persuadés de connaître les causes de ma dérive vers l'irréparable. Vous vous tromperez. Je veux ici rétablir la vérité. Je m'appelle Thomas et ce qui suit est mon histoire, l'itinéraire qui m'a amené à faire ce que j'ai fait.

CHAPITRE 1

Florence, 19 mars 2013

Francesca Lombardi n'avait pas donné signe de vie depuis la veille et nous connaissions l'importance capitale des premières heures qui suivaient une disparition. Il fallait faire vite et les flics ne nous avaient pas pris au sérieux. Ils n'avaient même pas déclenché l'équivalent de l'alerte enlèvement, malgré toutes les informations inquiétantes que nous leur avions données. Nous ne pouvions compter que sur nous-mêmes. Camille était sous le choc. Je ne l'avais jamais vu comme cela. Il avait eu un vrai coup de foudre pour cette fille et c'était comme si on lui arrachait le cœur encore et encore à chaque minute qui passait. Il n'avait pas dormi depuis vingt-quatre heures, imaginant le pire. Pour lui, elle était détenue contre son gré. Violée, torturée, massacrée. Nous étions persuadés que notre enquête nous avait orientés vers le tueur en série qui échappait aux autorités florentines depuis plus de trente ans.

Et que nous avions envoyé la jeune journaliste dans la gueule du loup…

Moi aussi, j'avais envie de la retrouver. Non pas que son sort m'intéressât, je dois bien l'admettre, mais parce que Camille était, depuis longtemps, avec Kurt, la seule personne pour laquelle je ressentais un peu d'empathie.

CHAPITRE 2

Paris, 12 mars 2013

Il n'était pas loin de midi. J'avais prévu de me masturber devant un porno, mais l'arrivée de Kurt bouleversa mes plans. Il débarquait toujours sans prévenir et repartait de la même façon. Il portait un journal sous le bras. Il s'allongea dans le canapé, ôta ses chaussures et ses chaussettes puis alluma une cigarette.

— T'aurais un whisky, mec ? demanda-t-il avec sa nonchalance habituelle en passant les doigts entre ses orteils pour en déloger la crasse.

— Dans l'armoire, sers-toi, répondis-je d'un ton sec, pas d'humeur.

Il se leva pour se servir un verre, et en passant à ma hauteur, il me balança le quotidien qu'il avait apporté. Il se dirigea ensuite vers le meuble-bar tout en remontant son jean dont il serra la ceinture, se frayant un chemin au milieu des cadavres de bouteilles et des sacs en papier de chez Mac Do vides. Je me saisis du *Parisien* et le feuilletai de façon distraite. Les actualités ne m'intéressaient pas. On y parlait de la météo, car une vague de neige balayait la France, du renfort de la force de réaction rapide de l'ONU au Mali, du conclave au Vatican, d'un cas de tuberculose décelé dans une école à Saumur. Je lus les gros titres et m'apprêtais à refermer le journal lorsqu'un article retint toute mon attention :

L'ombre du Monstre de Florence

Dans la province de Florence, en Italie, la psychose s'installe après l'agression, un soir de nuit sans lune, d'une prostituée de quarante-six ans, Sara P., retrouvée nue et agenouillée, accrochée à une barre de fer sous un pont d'autoroute à proximité d'Ugnano. Au-delà de l'horreur des faits, c'est le témoignage de la victime qui réveille en Toscane un cold case *vieux de plus de trente ans. Alors que son bourreau l'agressait sexuellement et la torturait, il lui aurait dit qu'il était le Monstre de Florence, un tueur en série toujours recherché par la police et qui avait semé la terreur dans la campagne de la ville des Médicis de 1968 à 1985. L'individu abandonne ensuite Sara P., laissée pour morte. Elle survit par miracle jusqu'au petit matin où un automobiliste la découvre et prévient les forces de l'ordre. Grièvement blessée, la prostituée parvient néanmoins à dresser un signalement de son agresseur, le décrivant comme un homme âgé au visage ovale, mesurant entre 1m70 et 1m75. Pour comprendre le traumatisme généré par cette affaire sordide, il faut revenir sur l'histoire d'*il Mostro di Firenze.

Retour sur l'affaire du Monstre de Florence

*Ce matin du dimanche 7 juin 1981, les carabiniers italiens sont à pied d'œuvre autour d'une Fiat Ritmo de couleur beige, garée au bord d'un petit chemin, tout près de Florence. L'endroit, qui ne se trouve pas très loin d'une discothèque, l'*Anastasia, *est un lieu de rendez-vous pour les amoureux. Un homme est étendu dans la Fiat côté conducteur. Giovanni Foggi, trente ans, employé dans une société pétrolière, a reçu trois balles dans la tête.*

Le meurtrier l'a tué en tirant à travers la vitre. Une femme gît un peu plus loin, allongée dans un petit ravin. Elle s'appelle Carmela De Nuccio, a vingt et un ans, et est employée dans une maroquinerie. Elle a été traînée jusque-là, poignardée à plusieurs reprises et sauvagement mutilée. Le maniaque a utilisé deux armes différentes, un pistolet Beretta calibre 22 long rifle et une arme blanche qui pourrait être un couteau de chasse. Il n'y a aucun témoin.

Trente ans après, le mystère perdure et l'assassin n'est toujours pas connu. « Je suis persuadé qu'il s'agit d'un tueur en série qui connaît la criminologie. Nous allons travailler dans cette direction ; je pense qu'il est très important que les familles aient le droit de connaître la vérité », explique Maître Wal ter Biscotti, avocat italien des familles des victimes.

Cette scène de crime spectaculaire n'est pas sans rappeler une autre. En effet, un journaliste du quotidien local La Nazione *la relie à une précédente, étrangement similaire, qui s'est déroulée sept ans plus tôt, le 14 septembre 1974.*

C'était déjà un samedi et une nuit sans lune, dans le même secteur, sur une petite route près de Borgo San Lorenzo. Là, Pasquale Gentilcore, dix-neuf ans, avait été retrouvé au volant de sa Fiat 127, tué par cinq balles de Beretta 22 LR. Sa fiancée, Stefania Pettini, avait, elle, reçu trois balles qui ne l'avaient pas tuée, avant d'être poignardée à mort. Le cas n'avait jamais été résolu.

On relie l'affaire à un crime encore plus ancien perpétré en 1968 et attribué, à l'époque, à un mari jaloux.

Le sadique qui rôde dans les collines toscanes va hériter de ses premiers surnoms, « le tueur des amoureux » ou « l'assassin des nuits sans lune ». Mais il ne va pas tarder à être appelé « le Monstre de Florence ». Le 22 octobre 1981, quatre mois après son précédent forfait, les fiancés Stefano Baldi, vingt-six ans, et Susanna Cambi, vingt-quatre ans, sont retrouvés sans vie dans une zone isolée de la campagne de Florence. L'histoire se répète...

De 1968 à 1985, le Monstre sévit à huit reprises, faisant seize victimes, en suivant un rituel quasi immuable : il profite de la nuit pour surprendre des amoureux en pleins ébats dans leur véhicule. Sa cruauté est sans limites, les corps des femmes sont retrouvés atrocement mutilés. L'Italie est terrifiée puis indignée par l'enquête qui piétine : 56 000 pages de dossier, des dizaines de milliers de personnes interrogées, des procès à grand spectacle et trois hommes arrêtés, condamnés à tort à de lourdes peines. Encore aujourd'hui, pas une semaine ne passe sans que de nouvelles théories voient le jour sur des blogs dont les noms font froid dans le dos : « Cronaca nera *(chronique noire)* », « Calibro 22 *(calibre 22)* », « Insufficienza di prove *(insuffisance de preuves)* ».

Ça, c'était intéressant. Cette affaire qui avait inspiré Thomas Harris pour créer, en partie, le personnage d'Hannibal Lecter me passionnait depuis des années, bien plus que toutes les autres affaires criminelles. Parce qu'elle n'avait jamais été élucidée, mais surtout parce que j'avais ma propre théorie. Une théorie qui me hantait. Je balayai la pièce du regard à la recherche de Kurt. Il avait disparu. Seul son verre vide traînait encore sur la table du salon. Happé par ma lecture, je ne l'avais pas vu s'éclipser. Je me saisis de mon paquet de clopes, en allumai une, me levai de ma chaise et, entouré du smog de la fumée que je recrachai, je me dirigeai vers le meuble-bar. *Cette fois, j'y vais*, me dis-je en avalant une rasade de whisky au goulot.

CHAPITRE 3

Paris, 12 mars 2013

Après avoir lu l'article du *Parisien*, j'avais tout de suite appelé Camille. Je le connaissais depuis longtemps. Nous n'avions rien en commun, à part peut-être une vague ressemblance physique et notre âge. Il était très sérieux, animé par une morale digne de celle d'un prêtre. Il ne faisait jamais un seul écart de conduite. Aucun faux pas. Tout le contraire de ce que j'étais. À dire vrai, il était ennuyeux et sa compagnie n'avait rien d'agréable. Mais je devais admettre qu'il avait toujours été là pour moi et que maintes fois, il m'avait empêché de me foutre en l'air. Alors, même si je ne le considérais pas comme un ami, mon égoïsme me poussait à le tolérer, pour mon propre bien. Nous partagions néanmoins un centre d'intérêt : l'affaire du Monstre de Florence, même si ce dossier ne nous fascinait pas pour les mêmes raisons. Il était passionné par les *cold cases* et la quête de la vérité le guidait, alors que j'étais juste attiré par la personnalité de celui qui échappait à la justice italienne depuis des décennies. Pour être honnête, je rêvais de rencontrer ce tueur en série et de pouvoir échanger avec lui pour mieux me comprendre moi-même. Nous connaissions tous les deux le dossier par cœur. Aucun détail des meurtres ne nous était inconnu et nous avions lu tout ce qui existait sur ce véritable feuilleton judiciaire.

De nombreux individus avaient été suspectés. La piste sarde avait d'abord été suivie, dans la mesure où l'arme utilisée, le fameux Beretta calibre 22 LR avec un défaut de percussion qui laissait une marque unique sur les douilles des balles meurtrières, avait servi une première fois en 1968 pour assassiner, dans une voiture, une femme infidèle de trente-deux ans, Barbara Locci, et son amant, un maçon de vingt-neuf ans prénommé Antonio Lo Bianco, alors que le très jeune fils de la première était endormi sur la banquette arrière. Ce premier crime avait été attribué au compagnon jaloux de la victime, un berger sarde, un sans-le-sou. Cette fois-là, la fille n'avait pas subi de sévices sexuels. Lorsque le tueur avait de nouveau frappé en 1974 avec le même pistolet, les flics avaient imaginé que cela pouvait être l'œuvre d'un *copycat* pour disculper le mari emprisonné. Puis il y avait eu l'hypothèse d'un vieux paysan, Pietro Pacciani, connu pour avoir commis des viols et résidant dans le secteur des meurtres. Arrêté, il avait été condamné en 1994 à la perpétuité. Toutefois, en 1996, il avait été acquitté en appel, malgré le témoignage de deux de ses amis qui avaient avoué être ses complices. Une piste satanique impliquant la franc-maçonnerie était alors apparue. Encore plus fou, en août 2000, l'auteur américain de best-sellers Douglas Preston, installé non loin de Florence dans l'intention d'écrire un roman policier, avait rencontré Mario Spezi, un journaliste florentin de *La Nazione*, spécialiste de l'affaire. De cette rencontre était né un roman détaillant toutes les erreurs judiciaires accumulées dans ce dossier. Les deux hommes avaient notamment mis le doigt sur une guerre entre magistrats ayant abouti à la condamnation de Pacciani. Ce livre avait valu à ses auteurs d'être eux-mêmes, un temps, suspectés et inquiétés par la justice. Une véritable saga ! Une enquête ubuesque ! Vingt-huit ans après le dernier meurtre officiel, la vérité n’avait toujours pas éclaté et les hypothèses les plus folles continuaient à fleurir et à passionner les foules.

Des hypothèses, nous en avions avec Camille. La sienne était originale. Il était, en effet, persuadé que le Monstre de Florence était la même personne que le tueur du Zodiaque, qui avait sévi aux États-Unis et qui lui non plus n’avait pas été arrêté. Si cela pouvait paraître, a priori, tiré par les cheveux, en y regardant de plus près, ce n’était pas totalement dénué de ce sens. En effet, dans le cadre du procès de Pacciani, nous avions appris qu’un Italo-Américain, ancien militaire, un certain Joe B, avait été entendu comme témoin. Il résidait à deux pas d’une scène de crime. À l’époque des meurtres et des lettres du Zodiaque, entre 1966 et 1974, nous savions qu’il travaillait comme détective infiltré au sein de l’armée américaine et qu’il était en poste aux États-Unis. Fin juin 1974, il avait pris sa retraite avec le grade de premier sergent et s’était installé à Florence en tant que stagiaire surintendant du cimetière et du mémorial américain… Et tous les forfaits du Monstre de Florence avaient été commis à moins de trente minutes de route de ce cimetière. Camille avait analysé toute la chronologie des meurtres des deux tueurs en série et il en avait conclu qu’ils avaient pu être l’œuvre de la même personne. Ce Joe B ?

Pour ma part, j’avais quelques doutes sur cette théorie. Les modes opératoires me paraissaient beaucoup trop différents. Certes, le premier s’attaquait aussi à des couples de l’autre côté de l’Atlantique ; certes, il avait, comme son homologue, joué avec les autorités et la presse en leur envoyant des lettres anonymes et des cryptogrammes (*il Mostro* avait adressé un morceau de sein d’une de ses victimes à une substitut du procureur), mais il n’avait jamais violé l’intimité de ses victimes féminines, même lors de ses derniers forfaits. Or, la motivation d’ordre sexuel du Florentin était évidente. Cependant, je devais admettre que cela restait une piste intéressante, et je m’étonnais que les autorités italiennes n'y aient pas prêté plus attention lorsqu'elles avaient auditionné ce Joe.

Ma conviction était bien plus terre à terre, basée sur la logique et liée à l'arme du crime. Ce Beretta calibre 22 Long Rifle, chargé de munitions Winchester marquées de la lettre H, avait été utilisé dans le cadre du meurtre du premier couple en 1968. Ce crime n'avait rien de sexuel, et encore à ce jour, il n'était pas attribué de façon claire au *Mostro*. Il sentait la vengeance et la jalousie. Or le mari jaloux ne pouvait pas être le tueur, car il était en prison lorsque le deuxième couple s'était fait massacrer. Mais j'avais la quasi-certitude que le Monstre connaissait la toute première victime féminine. Était-ce un de ses amants éconduits, ou un homme de main de son compagnon ? Je n'avais aucune certitude. Ce que je savais, en revanche, était que la probabilité pour qu'un même flingue servant à assassiner des couples à plusieurs années d'intervalle ne soit pas tenu par la même personne était infime, voire nulle. Toute la passion autour de l'affaire, tous les fantasmes, tous les intérêts paradoxaux des magistrats de l'époque avaient éloigné l'enquête de ce constat basique. Il fallait, pour moi, repartir de l'arme et du meurtre de 1968. Bien sûr, le mode opératoire était différent ; bien sûr, il n'avait pas touché aux organes génitaux de la femme, mais cela ne prouvait rien. On ne se levait pas un matin en se disant « demain, je serai le Monstre de Florence ». On le devenait petit à petit, en suivant un itinéraire que j'étais moi-même sur le point d'emprunter.

Le profil que le FBI avait élaboré pour aider la police italienne me confortait dans mon hypothèse. Selon les experts de Quantico, l'assassin était un homme d'environ 1m80, d'après l'angle des tirs mortels, d'une intelligence moyenne ou supérieure à la moyenne, droitier, fétichiste, impuissant et habitant la région. Cette description ne collait avec aucun des suspects arrêtés dans le cadre de l'enquête. Elle était, en revanche, tout à fait compatible avec mon intime conviction. Pour moi, le Monstre était un jeune type d'une vingtaine d'années en 68, séduit par la femme infidèle qui collectionnait les amants, et qui n'avait pas bandé lors de leur premier rendez-vous. À coup sûr moqué, humilié et infantilisé par la victime pendant ce rapport virant au fiasco, il avait voulu se venger en la tuant en pleine action avec un autre. Un premier meurtre en forme de crime passionnel, empli de rage. Un premier meurtre expédié à toute vitesse, avec la peur au ventre de se faire prendre, surtout avec le gamin allongé à l'arrière de la voiture. Mais un premier meurtre qui lui procure un plaisir insoupçonné bien plus fort que l'orgasme. Il lui aura ensuite fallu six ans pour accepter cette sensation, pour s'accepter lui-même, pour admettre qu'il était un prédateur. C'est cela dont j'avais envie de discuter avec lui pour comprendre ce que je ressentais dans mes propres tripes.

La suite, nous la connaissions : un enchaînement de crimes similaires, parfois très espacés dans le temps. Ces longues périodes entre deux passages à l'acte semblaient d'ailleurs surprendre les enquêteurs. Pour ma part, j'aurais été surpris du contraire ! Pour tuer, il lui fallait trouver, par hasard, au gré de ses promenades nocturnes, des couples en train de baiser dans des lieux suffisamment discrets pour qu'il ne soit pas repéré, mais aussi des lieux qui n'étaient pas fréquentés par des voyeurs, le voyeurisme étant un sport national dans la campagne florentine à cette époque. Même avec une intelligence moyenne, on imagine bien que pour réunir toutes ces conditions, il fallait un coup de chance fabuleux. Ce coup de chance, il l'a eu à sept reprises, après le premier meurtre, ce qui relève presque du miracle. En 1985, il avait soudain disparu. Pourquoi ? Peut-être était-il mort ou en prison... Mais il pouvait aussi avoir continué à tuer ailleurs et d'une autre manière. Si j'avais raison, le coupable avait désormais dans les soixante-cinq ans et, nostalgique de la Toscane, il était peut-être de retour à Florence, ayant encore modifié son mode opératoire, en crucifiant des prostitués, pour prendre davantage son pied.

L'excitation de Camille fut semblable à la mienne, en lisant l'article du *Parisien*. L'agression de la prostituée relançait l'affaire, et nous ne pouvions pas laisser passer cette occasion. N'ayant pas de contraintes professionnelles ou familiales, nous décidâmes de partir pour l'Italie deux jours plus tard pour mener notre propre enquête. Nous avions obtenu, par l'intermédiaire d'une connaissance commune, les coordonnées d'un contact sur place, la journaliste Francesca Lombardi, qui couvrait l'affaire pour le journal *La Nazione*. Elle connaissait le dossier sur le bout des doigts, et après plusieurs échanges de mails dans lesquels nous nous étions fait passer pour des confrères français, elle était disposée à nous rencontrer.

Il me restait à convaincre Kurt de nous accompagner, ce qui n'était pas une mince affaire, même si je savais qu'il finirait par accepter. En effet, lui et Camille ne s'entendaient pas du tout. Le premier reprochait à l'autre d'être trop rabat-joie, et le second considérait que mon ami drogué avait une très mauvaise influence sur moi. Il était impossible de les réunir dans une même pièce sans que cela se termine en pugilat. Alors, les faire voyager dans la même voiture n'était même pas envisageable. Je devais trouver une solution, car la présence de Kurt s'avérait indispensable à mon équilibre.

CHAPITRE 4

Autoroute A43 entre Lyon et Chambéry, 14 mars 2013

L'autoroute était peu fréquentée, au cœur de la nuit. Dans le ciel, aucune étoile, pas de lune. Un ciel noir et inquiétant. Dans mon rétroviseur, je pouvais distinguer les phares jaunes de la vieille Peugeot 306 de Kurt. J'avais réussi à persuader ce dernier de nous accompagner à Florence incognito, sans que Camille soit au courant. Il avait râlé au début, et puis il avait fini par trouver l'idée amusante. Dans l'habitacle, en sourdine, Dave Gahan, le leader de Depeche Mode, saupoudrait une version live un peu mièvre à mon goût d'*Enjoy the silence* :

Words like violence
(Les mots comme violence)
Break the silence
(Brisent le silence)
Come crashing in
(Viennent s'écraser)
Into my little world
(Dans mon petit monde)

Camille s'était endormi sur le siège passager. Je m'apprêtais à doubler une berline Mercedes à bord de laquelle trois silhouettes se détachaient. Qui étaient-ils ? Quelle vie menaient-ils ? Était-ce un gosse, à l'arrière ? Depuis tout petit, j'avais toujours été fasciné par la confiance aveugle que nous accordions tous à de parfaits inconnus sur la route. À 130 km/h et même à 80, notre vie ne tenait qu'à un fil et à la seule bonne volonté de nos congénères automobilistes. Qu'est-ce qui empêchait un esprit malade ou suicidaire de donner un coup de volant au moment précis où nous le croisions ou le doublions ? Cela relevait du miracle. Encore plus lorsqu'il s'agissait d'un poids lourd. Le moindre écart d'un routier sur une voiture nous conduirait à une mort certaine, pulvérisés comme de simples insectes.

Pensez-vous que des psychopathes ont déjà fait cela, par plaisir, en se réfugiant ensuite derrière un banal accident ?

Ne trouvez-vous pas vous aussi fascinant que nous accordions une telle confiance aux autres dans un contexte de vie ou de mort à chaque croisement de véhicules, alors que nous ne confierions pas notre porte-feuille à un étranger dans la rue ? Il y a une vraie dose d'inconscience là-dedans.

La playlist avait basculé sur le titre *Policy of truth* :

You had something to hide
(Tu avais quelque chose à cacher)
Should have hidden it, shouldn't you?
(Aurais-tu dû le cacher, ou pas ?)
Now you're not satisfied
(Maintenant tu n'es pas satisfait)
With what you're being put through
(De ce que tu endures)
It's just time to pay the price
(Il est temps que tu paies le prix)

Il est temps que tu paies le prix. Ces mots résonnaient dans mon esprit au moment où l'avant du capot de ma voiture arriva au niveau de l'arrière de la Mercedes que j'allais doubler. Je regardai vers la berline, levant un peu le pied. C'était bien un gosse de cinq ou six ans, à l'arrière. Il dormait, le visage écrasé contre la vitre. À l'avant, celle qui devait être sa mère et occupait la place du passager avait les pieds nus posés sur le tableau de bord, une position très dangereuse en cas de carambolage, même avec la ceinture de sécurité. Elle devait avoir une trentaine d'années. Le conducteur, son probable mari, un peu plus âgé, manifestait des signes de fatigue. Le corps très avancé sur son siège, il semblait plisser les yeux pour lutter contre le sommeil.

En passant à sa hauteur, je le fixai et ralentis pour caler ma vitesse sur celle de son véhicule. Se sentant observé, il tourna la tête vers moi. Nos regards se croisèrent, l'espace d'un instant, mais un instant qui me parut durer une éternité. Mes doigts se crispèrent sur mon volant et mes pensées divaguèrent très vite. J'avais une envie folle de me déporter de façon soudaine vers la droite. Il n'y avait pas de caméras de surveillance du trafic sur cette portion de l'A43. Par flashs, je visualisai le résultat de cette manœuvre. Le père de famille qui fait un écart brutal, freine trop fort. L'enfant mal attaché propulsé dans l'habitacle comme un projectile redoutable. La mère assoupie réveillée par ses pieds qui passent à travers le pare-brise avant d'être éjectée de la voiture et de voltiger sur l'autoroute tel un pantin désarticulé, rebondissant plusieurs fois. Ses membres qui se disloquent. Ses os qui se brisent. Sa tête qui heurte le bitume et explose comme une pastèque. La voiture qui s'immobilise, après de multiples tonneaux. Le gosse et son géniteur pris au piège, coincés par la tôle. Le feu qui se déclenche. Leurs cris. Leur supplice. Leurs corps qui se consument jusqu'à n'être plus qu'une masse informe calcinée. Mes doigts se crispèrent encore davantage. Le conducteur de la Mercedes, comme s'il avait compris le fond de mes pensées, semblait terrifié.

— Ça va, Tom ? Pas trop fatigué ?

Camille venait de se réveiller en sursaut et de se redresser sur son siège, ce qui me tira, de façon instantanée, de mes rêveries.

— Tout va bien. Je pourrais rouler comme ça pendant des heures !

J'accélérai en laissant la Mercedes sur place, tout en allumant une cigarette.

CHAPITRE 5

Région parisienne, 12 juillet 2012

— Tu crois qu'il faut être connu pour avoir quelque chose à raconter ?

— Qu'est-ce que tu veux dire par là, Tom ?

— Que les romans où tu peux parler de choses sérieuses sans passer pour un philosophe de comptoir sont écrits par des types connus.

— Et ?

— Et qu'un auteur de merde comme moi n'a aucun moyen de le faire. Je n'ai pas de légitimité.

— Tente ! Tu as des trucs à dire, au moins ?

— Ah ça oui, j'en ai des trucs à dire. La vie, la mort, la politique. La vie, quoi... Je pensais que tu savais.

— Alors fais-le ! Je te charrie, mec ! Un type qui a divorcé a forcément des trucs à dire. Même des conneries... surtout des conneries ! Les gens sont cons ; ils adorent les conneries !

Je stoppai net la conversation. Je savais que Kurt ne m'en voudrait pas. Il ne m'en voulait jamais. Le vent était tombé. Je lançai ma ligne là où l'eau stagnait. C'était là que j'avais le plus de chance d'attraper du brochet ou du sandre, je le savais. Des choses, j'en avais à dire. J'avais envie de vomir sur le papier la violence qui bouillonnait en moi. De gueuler ma haine de l'homme et du monde. Mais cela, je ne pouvais pas le dire à mon ami. Je ne pouvais le dire à personne.

Le fil se tendit et j'éprouvai une résistance dans ma canne. Je ferrai avec habileté et actionnai le moulinet. Au loin, la boule de feu se faisait bouffer par les champs, distillant une lumière vieux rose pastel. Des reflets d'huile dégueulasses irisaient la surface du lac. À cet instant précis, je ne pensais plus à rien, ce qui était exceptionnel. À rien sauf à ramener ce poisson vers le bord. Une belle pièce, me sembla-t-il. Le combat dura cinq bonnes minutes. Cinq minutes de bonheur intense durant lesquelles je redevins ce gamin insouciant que j'aurais aimé rester toute ma vie. Ce gosse solitaire et égoïste qui n'avait aucune décision à prendre. Comme Camille, j'étais, d'un coup d'un seul, ancré dans la réalité. Je vivais l'instant, le vivais vraiment, sans chercher à l'analyser ou à me projeter dans l'instant suivant dans une forme de fuite en avant. Un sandre ! C'était un joli sandre de cinquante centimètres. À l'aide d'un gant en caoutchouc, je m'en saisis et décrochai l'hameçon. Puis je regardai ma prise. Enfant, je l'aurais rapportée à mes parents, fier. Ou plutôt, je l'aurais rapportée à mes parents pour essayer de les rendre fiers. En vain, à coup sûr.

— J'en fais quoi, Kurt ? fis-je avec l'expression d'un chiard débile, ce qui m'agaça moi-même.

— Tu vas le bouffer, ce poisson ? répondit Kurt en haussant les épaules.

— Non, admis-je.

— Alors, relâche-le !

J'hésitai un instant.

— Quoi, tu veux avoir la fierté de montrer ta prise ? À qui ? Tout le monde s'en fout. Moi, je m'en fous. Tes parents s'en seraient foutus. C'est comme tes digressions philosophiques dans tes bouquins à la con.

Tout le monde s'en fout, je te dis. Mets tes couilles sur la table. Pas un sandre ! s'emporta Kurt.

Je relâchai le poisson et rangeai mon matériel de pêche. Puis sans me presser, mon acolyte m'emboîtant le pas, je me dirigeai vers la voiture. La nuit venait de tomber. Je démarrai.

— Je commence par quoi, à ton avis ? demandai-je en me regardant dans le rétroviseur et en tentant de discipliner mes cheveux ébouriffés par le vent.

— Qu'est-ce que j'en sais, moi ? Sors tes tripes et pose-les sur le papier, dit Kurt qui avait retiré ses Converse et posé ses pieds nus sur le tableau de bord.

Je regardai ses pieds dégueulasses avec mépris. Il ne le remarqua même pas, fidèle à sa nonchalance.

— Oui, ça, pas de problème, mais je commence par où ? J'ai l'habitude d'écrire des trucs avec un début, une fin et un milieu. Avec une intrigue. Des trucs simples.

— Parle de moi ! Ça fera vendre. *La Vie d'un type bizarre*, ça serait un bon titre, proposa l'autre en passant l'index entre ses orteils pour retirer les saletés qui s'y étaient logées.

— Tout le monde s'en branle de ta gueule !

— Putain, t'es chiant ! Parle de ce qui te touche. Parle d'amour !

— Faut être amoureux, pour ça…

— Pourquoi ? Pour moi, la chanson, l'écriture, c'est parler à une femme, c'est tout. Parler à une femme, c'est parler à toutes les femmes. T'es pas obligé d'être amoureux, pour ça. T'es plus amoureux de la tienne, de femme ? demanda Kurt en cherchant mon regard sans le trouver.

Je passai la main dans mes cheveux avant de répondre :

— Honnêtement, je n'en ai plus rien à foutre depuis un moment de ma femme. Être marié m'empêche juste de faire trop de conneries. C'est comme une bride que je m'impose, ni plus ni moins...

Mon passager alluma un joint. Je l'imitai avec une Marlboro.

— La tendresse est un refroidissement, lâcha-t-il en même temps qu'il crachait sa fumée et embaumait l'habitacle d'un doux parfum de *weed*.

— Et toi, tu sais ce que c'est l'amour ? Tu l'as connu, le véritable amour ? lui demandai-je.

— L'amour ? Balzac disait qu'en amour il y en a toujours un qui souffre et l'autre qui s'ennuie.

— Il a au moins dit un truc intelligent, le Balzac !

Clope et bédo au bec, vitres ouvertes pour évacuer les volutes de fumée qui avaient formé un smog épais dans l'habitacle, nous poursuivîmes notre route en silence, jusqu'à l'entrée de l'agglomération parisienne. Nous arrivâmes devant mon appartement situé au premier étage.

— Tu viens boire un verre ? demandai-je.

— OK, dit-il tout de suite.

Un véhicule noir était garé dans la rue.

— Eh merde, elle est déjà rentrée ! Le verre, ça sera pour une autre fois, Kurt.

— Tu m'lâches ?

— Tu sais bien qu'elle ne te supporte pas, poursuivis-je, les yeux baissés.

— Ouais.

Kurt sortit de la voiture sans un mot et s'éloigna dans la nuit. J'allumai une énième cigarette, avant de monter.

CHAPITRE 6

Florence, 15 mars 2013

Nous étions arrivés à l'hôtel au petit matin, après avoir roulé toute la nuit. J'étais exténué par le trajet, mais je ne parvins pas à dormir. Réveillé à 7 heures, je sus tout de suite que la journée serait compliquée. Une rage incontrôlable m'animait. Cela m'arrivait de plus en plus souvent.

Je décidai d'enfiler un jean et un tee-shirt et d'aller marcher pour tenter de me calmer. Je ne voulais pas que Camille me voie dans cet état. Il ne savait rien de mes névroses et je voulais que cela reste ainsi. Les rues étaient déjà animées. Je transpirais à grosses gouttes. Nous n'étions qu'en mars, tôt le matin, mais il devait déjà faire près de 30 degrés. *Saloperie de pays du Sud !* me dis-je. Je marchai sans but en fumant clope sur clope. J'avais envie de faire mal, de frapper tous les gens que je croisais. Cette vieille avec son sac Vuitton qui puait le patchouli à vingt mètres.

— Vieille pute ! Viens par là que je te bouscule ! Que je t'éclate la gueule à coups de pompe ! marmonnai-je, le visage déformé par la haine.

Ce groupe de touristes asiatiques avec leurs cannes à selfie. Je m'imaginai leur foncer dessus en voiture et les écraser, comme si je faisais un strike au bowling.

— Putain de touristes ! Allez vous faire foutre ! fis-je en haussant un peu le ton, sachant qu'ils ne comprenaient pas mes paroles.

Puis je me mis à courir le plus vite possible en serrant les dents dans l'espoir d'éteindre le feu qui brûlait en moi.

Très vite, je fus essoufflé et je dus m'arrêter, me penchant vers l'avant, posant mes mains sur mes genoux. Je toussai, crachai mes poumons noircis par le tabac. Je faillis même dégueuler. Ma tête tournait. Pris d'un vertige, je fus contraint de m'asseoir, sur une petite place à côté du dôme, sur une pierre dont j'appris plus tard qu'il s'agissait de la roche de Dante.

Le chant III intitulé *Porte et vestibule de l'Enfer* de la *Divine Comédie* me revient maintenant en mémoire comme un avertissement qui m'était adressé et que je n'avais pas compris à l'époque :

Par moi on va vers la cité dolente ;
Par moi on va vers l'éternelle souffrance ;
Par moi on va chez les âmes errantes.

La Justice inspira mon noble créateur.
Je suis l'œuvre de la Puissance Divine,
de la Sagesse Suprême et de l'Amour.

Avant moi, rien ne fut créé
sinon d'éternel. Et moi, je dure éternellement.
Vous qui entrez, abandonnez toute espérance.

Mon corps malmené depuis des années par l'alcool, la drogue et les cigarettes était épuisé, au bord de la rupture. Mais mon esprit, lui, restait vif et focalisé sur la volonté de détruire ce qui m'entourait. Deux jeunes filles en uniforme scolaire, à peine majeures, s'arrêtèrent à trois mètres de moi, face à un petit kiosque qui vendait des jus de fruits et du café, pour s'acheter une boisson avant d'aller en cours.

La première était un peu potelée. Elle portait des collants, malgré la température. *Pour cacher ses poils de jambes parce qu'elle n'est pas épilée*, pensai-je. Son visage était disgracieux et couvert d'acné. Elle avait une tignasse courte et frisée. Je l'imaginai à trente ans avec vingt kilos de plus, les seins tombants, le corps flasque, mariée, avec une tripotée de chiards autour d'elle, heureuse d'avoir trouvé un pauvre type pour l'engrosser. Elle me dégoûtait.

L'autre, c'était autre chose. Élancée, de longs cheveux bruns qui lui arrivaient jusqu'à la cambrure des reins. Une petite gueule d'ange avec ses grands yeux verts. Une bouche parfaite aux lèvres pleines, un petit nez retroussé. Sa jupe plus courte que celle de sa copine laissait voir ses longues et fines jambes déjà bronzées. Son chemisier dont deux boutons étaient ouverts permettait d'apercevoir la naissance de sa poitrine en forme de poire, ferme et idéalement proportionnée. Elle ne portait pas de chaussettes dans ses Stan Smith taille 38 ou 39. J'aurais adoré renifler ses pieds. Peut-être qu'ils puaient. Les beautés de ce type et de cet âge m'avaient toujours obsédé. Elles étaient mon fantasme absolu. Un absolu impossible à atteindre. Plus jeune, à cause de mon manque d'assurance, je ne leur plaisais pas. Maintenant que j'étais plus vieux, à trente ans passés, je ne leur plaisais plus. Bien sûr, je m'étais payé des putes qui leur ressemblaient, mais une pute, même à dix-huit ans, restait une professionnelle et n'avait plus cette innocence dans le regard qui me plaisait tant. *Un cappuccino!* lança-t-elle d'une voix douce bien qu'un peu rauque à cause des clopes qu'elle devait fumer en cachette.

Je me levai et me dirigeai vers le kiosque pour me prendre un café. Je me plaçai derrière les deux lycéennes, profitant des quelques minutes qu'il fallait au commerçant pour préparer leur commande, m'approchant au maximum de la plus belle. Elle me tournait le dos. Je regardai son cul et ses hanches pas encore déformées par une grossesse. Je humai l'air, à la manière d'un chien, y cherchant la moindre particule de son intimité. Elle ne portait pas de parfum. Je pouvais sentir l'odeur de sa peau balayée par le vent chaud qui soufflait ce matin-là. Je fis mine de réajuster mes mocassins pour m'accroupir dans l'espoir de voir sa culotte, mais sa jupe était un tout petit peu trop longue. Le nez au niveau de ses jambes, je pris une grande inspiration. Était-ce mon imagination ou non, je ne sais pas, mais il me sembla percevoir l'exhalaison délicate de sa chatte. Le subtil parfum de son urine et de sa cyprine mélangées. J'imaginai ce sexe, ce petit abricot fendu et charnu protégeant son trou encore étroit et peut-être même vierge. Je me mis à bander. *Putain, je la veux, cette garce ! Je la veux plus que tout ! Soulever sa jupe, découper sa petite culotte blanche avec mon Opinel et la baiser pendant des heures, pendant des jours, encore et encore ! Souiller tous ses orifices jusqu'à m'en lasser et lui pisser sur la gueule,* pensai-je.

Mon regard croisa alors celui de sa copine. Elle m'observait, devinant, j'en étais certain, le fond de mes pensées. Je me relevai, tâchant d'apparaître le plus normal possible, scrutant ma montre, faisant mine de m'impatienter. Mais le mal était fait. Cette grosse conne avait compris qui j'étais au plus profond de moi. Le commerçant leur tendit leurs boissons qu'elles avaient déjà réglées. Je les observai s'éloigner bras dessus bras dessous. Elles se retournèrent pour me regarder, hilares, se foutant ouvertement de moi. J'avais envie de les massacrer. J'avais envie de toutes les massacrer.

— Monsieur ? Monsieur ? m'interpella le commerçant alors qu'une file d'attente s'était formée derrière moi.

Je le fixai, le regard rempli de haine, et je partis en silence, sans rien commander. Puis je me remis en route d'un bon pas à la recherche de WC publics. Au bout d'un quart d'heure, constatant que je n'en trouverais pas dans cette ville pourtant remplie de touristes, je me résignai à prendre un expresso sur la terrasse d'un café à proximité du *Mercato Centrale*, les halles de Florence. Je le bus très vite et me dirigeai vers les toilettes de l'établissement où je m'enfermai. Là, après avoir pissé, je commençai à me branler en me remémorant les effluves de la chatte de l'étudiante brune. Je l'imaginai devant moi dans ces chiottes sordides, sa culotte descendue au niveau de ses chevilles, penchée vers l'avant, en appui sur la lunette sale, les fesses tendues, les cuisses écartées au maximum, ses pieds touchant les murs de chaque côté. Je lui introduisais l'index lubrifié avec sa mouille dans son anus serré. Puis je le ressortais en prenant mon temps, le reniflai et dans le même instant, je la pénétrais avec ma queue. Elle gémissait. Cela lui faisait mal. Je ne voulais pas qu'on l'entende alors je plaçais ma main sur sa bouche pour qu'elle la ferme. Je la sodomisais avec brutalité jusqu'à cracher en elle. Voilà à quoi je pensais lors de cette séance d'onanisme. Dans un dernier va-et-vient, j'éjaculai. Un orgasme fade mais suffisant. Mon sperme se colla à la paroi de la cuvette, masse informe et gluante. Je tirai la chasse. Après avoir joui, je ressortis des WC et réglai mon café au comptoir. J'étais quelque peu apaisé. La rage était partie. Il était 9 h 15.

Dehors, j'allumai une cigarette et pris la direction de l'hôtel sans me presser, flânant comme n'importe quel promeneur. La luminosité était très belle, très chaude et magnifiait les décors de ce véritable musée à ciel ouvert. Je déambulai dans les rues, passant sur la piazza della Signoria où je découvris la fontaine de Neptune, avant de percevoir l'immensité du Palazzo Vecchio. Je regardai ensuite les vitrines des boutiques de luxe de la via degli Strozzi et de la via Tornabuoni. Vuitton, Dior, Cartier, Versace, Tod's, Armani. Il me parut aberrant de dépenser 8 000 euros pour un sac à main, et je décidai de rentrer à l'hôtel en maudissant les riches et leur snobisme.

Dix minutes plus tard, j'étais arrivé. J'avais envie de voir Kurt. Juste pour discuter de tout et de rien. En ouvrant la porte de sa chambre, je le trouvai allongé sur son lit en train de dessiner sur un petit carnet qu'il emportait toujours partout avec lui. Il était pieds nus, en jean et le torse à l'air, ce qui était très rare, car il se trouvait trop maigre et cela le complexait beaucoup. Il me salua d'un signe. Sans un mot, je m'installai sur une chaise et le regardai. *Je peux mettre un peu de musique ?* demandai-je. Il acquiesça. Avec lui, le silence n'avait rien de pesant. Nous nous comprenions sans parler. Après *Why did you do it* de Stretch et *Gouge away* des Pixies, sur Spotify, la sélection aléatoire des titres de ma playlist enchaîna sur *Smell like teen spirit* de Nirvana. Aussitôt, Kurt lâcha son crayon et se redressa.

— Change cette merde ! Tu sais bien que je ne la supporte pas ! Groupe de merde ! fit-il, dans une réaction épidermique.

Je passai au morceau suivant, *Rape me*, et bien qu'il fût toujours de Nirvana, il s'apaisa et se remit à dessiner.

— Tu es sur quoi, là ? demandai-je en regardant par-dessus son épaule.

Il s'écarta un peu pour me laisser voir le petit carnet sur lequel il griffonnait. Il avait fait plusieurs dessins sous la forme d'une bande dessinée qui mettait en scène un type avec une moustache au milieu de cadavres démembrés, d'extraterrestres et de pantins désarticulés. En haut de la feuille, il avait écrit « Dieu est gay ».

— C'est toujours aussi glauque, j'adore, dis-je avec beaucoup de sincérité.

— Un artiste a un besoin constant de tragédie, répondit-il, très calme, en continuant à noircir son carnet.

Je ne répondis pas.

— C'est triste aujourd'hui. Il n'y a plus d'artistes corrosifs et provocateurs. Bret Easton Ellis, peut-être, et encore, il s'est calmé, avec l'âge. Mais regarde, en musique, il reste quoi ? Il n'y a plus de Madonna pour lancer son string dans le public, plus de Gainsbourg pour cramer 500 balles en direct, plus de directs, d'ailleurs. Tout est sous contrôle. Les seuls à encore provoquer, ce sont les rappeurs. Faut pas s'étonner que les jeunes n'écoutent que du rap bas de gamme. On a besoin de trucs subversifs, dans l'art. Pour réfléchir. Comme catharsis. Tout le contraire du wokisme. On se fait chier..., ajouta-t-il en dessinant un couteau planté dans le cœur de l'homme à la moustache.

Cette première journée à Florence ne fut pas productive. Je la passai à dormir et à me droguer avec Kurt, pendant que Camille faisait je ne sais quoi. Peut-être avait-il visité des musées, c'était bien le genre de trucs chiants qu'il aimait faire et que je ne supportais pas.

CHAPITRE 7

Florence, 15 mars 2013

23 h 50. Pas moyen de dormir. J'étais à nouveau trop excité par l'affaire du Monstre. J'ouvris les yeux et constatai que Camille était réveillé aussi. Il fumait une clope à la fenêtre de la chambre d'hôtel, le corps à moitié à l'extérieur pour éviter de déclencher le détecteur de fumée. Je me redressai dans le lit.

— Tu ne dors pas non plus ? demandai-je à mon comparse qui, de surprise, faillit basculer dans le vide.

Il jeta sa cigarette et ferma la fenêtre, avant de répondre :

— Non, impossible.

— On sort ? proposai-je.

— Quoi, maintenant ? fit-il en remontant son boxer.

— Il est minuit. C'est l'heure à laquelle on sort, non ?

Il marqua une pause comme si je lui avais posé une question existentielle. Il m'agaçait lorsqu'il faisait ça. Il fallait toujours qu'il analyse tout. Il n'agissait jamais sur un coup de tête, même quand il avait des choix futiles à faire. Je pouvais deviner toutes les questions débiles qu'il se posait. Depuis le temps que je le connaissais, son cerveau était pour moi un livre ouvert. *Si on sort, on va rentrer tard. Demain, on va être fatigués et on doit débuter l'enquête. Il faudra qu'on soit en pleine possession de nos moyens et ça ne sera pas le cas. On va picoler dans une ville qu'on ne connaît pas. Comment va se passer la soirée ? Et si Tom se drogue et que je dois le ramener, je fais comment, en ne parlant pas italien ? Je serais même incapable de commander un taxi. D'ailleurs, est-ce que les taxis travaillent de nuit, ici ?* Voilà toutes les idioties qui lui encombraient l'esprit. J'insistai, sachant très bien comment le convaincre. J'y parvenais toujours.

— On ne rentrera pas tard. On boit un verre, on décompresse un peu et puis on rentre. Ça te va ? poursuivis-je en me dirigeant vers le lavabo pour me rafraîchir.

— On ne rentre pas tard, promis ? trouva-t-il bon de demander, rabat-joie au possible.

Je ne répondis pas, excédé par son comportement puéril, à deux doigts d'aller réveiller Kurt qui dormait à l'autre bout du couloir et qui serait, à coup sûr, de meilleure compagnie. Je me tus donc, me contentant de me préparer. Je me coiffai avec une noisette de gel, me mis un coup de déodorant sous les aisselles et commençai à me vêtir. J'enfilai un slip propre, un jean, une des chemises blanches repassées d'avance que j'avais emmenées dans une housse prévue à cet effet. Je me glissai ensuite dans une paire de mocassins en cuir craquelé. Une fois vêtu, je contrôlai mon image dans le petit miroir qui surplombait l'évier, tout en me parfumant. Je me trouvai séduisant. J'étais grand, plutôt athlétique même sans pratiquer aucun sport, et on me disait souvent que j'avais de faux airs de Patrick Dempsey.

Constatant qu'il n'avait pas le choix, Camille s'habilla à son tour, sans entrain. Une fois prêts, nous sortîmes de l'hôtel sans faire de bruit. Dans la rue, je constatai que cette ville était animée H24. Des grappes de touristes dont une majorité d'Asiatiques déambulaient dans les rues, sortant des restaurants, se prenant en photo devant

Santa Maria del Fiore ou sur le Ponte Vecchio que nous traversâmes pour nous rendre sur la rive gauche de l'Arno. Après une rapide consultation de Google sur mon téléphone, j'avais, en effet, choisi le *Jaguar Florence Club*, un club privé lounge, pour lieu de destination.

Nous y arrivâmes après un gros quart d'heure de marche. Je savais que nous étions à environ cinq kilomètres, à vol d'oiseau, du lieu du dernier meurtre du Monstre de Florence, celui des Français Jean-Michel Kraveichvili et Nadine Mauriot, et je trouvais cela grisant. Je connaissais leur histoire par cœur. Le samedi 7 septembre, le couple avait garé sa Golf blanche dans une clairière de San Casciano et avait installé une petite tente juste à côté. Deux jours plus tard, un promeneur avait découvert le cadavre du type dissimulé sous un tas d'ordures, avec le couvercle d'un pot de peinture sur le visage. Il avait reçu trois balles et dix coups de couteau. Allongée dans la tente fermée, sa copine s'était fait tirer dessus trois fois. Son pubis et son sein gauche avaient été découpés grossièrement à l'aide d'un couteau cranté. Le lendemain, Silvia Della Monica, la procureure de Florence, avait reçu une simple enveloppe contenant un lambeau de chair de la touriste française. Je pensais à cela en entrant dans la boîte avec Camille au son des basses. À l'intérieur, l'éclairage était bleuté et parfois zébré par des effets stroboscopiques. L'ambiance musicale s'ancrait dans la *deep electro*. Je reconnus entre autres des morceaux d'Electra Lore, DJ Timer, Los Pornos, Compressor Junkie, Pittsburgh Track Authority et de Clicks and Errors. Il y avait beaucoup de monde sur la piste. En grande majorité des trentenaires. Nous nous dirigeâmes vers le bar pour y commander deux rhum-Coca. Les lieux sentaient l'hormone à plein nez. Des mecs se déhanchaient avec une seule idée en tête : baiser. Des filles dansaient avec une autre idée en tête : trouver le grand amour. La valse de la vie au rythme de la musique électronique.

— Tu ne dragues pas ? demanda Camille qui savait que j'adorais cela.

— Pas ce soir, mais vas-y, toi ! répondis-je en connaissant déjà sa réaction et en avalant une bonne gorgée de rhum.

— Tu sais bien que je suis nul pour ça, rétorqua-t-il.

Je scrutai le *dancefloor* à la manière d'un prédateur en quête d'une proie facile. J'en trouvai une très vite. Une fille brune un peu trop maigre à mon goût, entre deux âges, aux cheveux longs, cachée derrière une frange, perchée sur des talons hauts, moulée dans une minijupe en similicuir, portant un haut en satin vert à travers lequel les tétons de ses seins siliconés pointaient, ne laissant aucun doute sur le fait qu'elle ne portait pas de soutien-gorge. Pas vraiment belle, elle avait un truc qui la rendait attirante. Elle « sentait » le sexe. Je la désignai du regard.

— Elle ! Vas-y, Camille ! Elle n'attend que ça, dis-je, sûr de moi parce que je ne me trompais jamais en matière de séduction.

— Et je lui dis quoi ? fit-il, comme un gosse, ce qui m'agaça.

— Tu ne dis rien. Tu bois ton verre cul sec, puis tu vas te planter juste devant elle en dansant et tu la regardes droit dans les yeux. Elle a faim, crois-moi, affirmai-je en me tournant vers le barman pour commander un autre rhum.

Camille hésita, regardant la fille que je lui avais montrée comme si elle était inaccessible. J'avais envie de l'insulter, de le frapper. Enfin, il se décida, vida son verre et se dirigea vers elle. Ses mouvements étaient gauches, mais grâce au stroboscope, cela passait presque inaperçu. Il commença à se dandiner devant la trentenaire. De loin, j'observai la scène. Leurs corps se rapprochèrent petit à petit jusqu'à être collés-serrés. Elle lui parla au creux de l'oreille. « Tu es d'où ? » devait-elle lui demander en italien ou en anglais. Je devinai qu'il lui répondit qu'il était français, ce qui était un argument de poids pour draguer à l'étranger. Pas farouche, elle prit l'initiative de l'attraper par les hanches puis elle l'embrassa à pleine bouche. À l'évidence, elle voulait se faire baiser cette nuit-là. J'avais vu juste. Ils tournoyèrent de longues minutes comme des papillons en mêlant leurs langues, jusqu'au moment où Camille abandonna sa conquête quelques instants pour venir me voir.

— T'avais raison, putain ! Elle veut qu'on couche ensemble ! C'est une Anglaise en vacances. Quinze minutes chrono ! J'hallucine ! fit-il, euphorique, en arrivant à hauteur du bar.

— C'est écrit sur son front ! répondis-je de façon laconique, ne partageant pas son excitation.

— Tu..., hésita-t-il.

— Oui, je peux te laisser la chambre pour la baiser, poursuivis-je à sa place.

— Tu es sûr, ça ne te gêne pas ? demanda-t-il, un peu penaud.

— Non, vas-y. Dans deux heures, tu auras terminé ton affaire ?

— Oui, je pense, confirma-t-il.

— Alors bonne baise, mec, et à tout à l'heure, conclus-je en commandant un rhum-Coca.

Comme un chien qui balance la queue de joie, il rejoignit sa conquête et ils quittèrent la discothèque dans les bras l'un de l'autre. Je restai là, assis sur mon tabouret haut, à m'enivrer au rythme des morceaux plutôt bien choisis par le DJ.

CHAPITRE 8

Paris, 12 juillet 2012

Après avoir rangé mon matériel de pêche dans la cave du garage, j'avais pris l'ascenseur jusqu'à l'étage où était situé mon appartement. J'ouvris la porte. Julia était là, dans le canapé. Elle jouait sur son téléphone. Je lançai un « bonsoir ». Elle répondit « bonsoir », sans lever les yeux de son écran. J'avançai, passai à son niveau pour aller pisser. Pas un regard. Pas un mot. Peut-être que j'aurais dû ramener le poisson. Peut-être que cela lui aurait fait plaisir. Je n'aurais pas dû écouter Kurt. Kurt disait souvent des conneries, ce n'était vraiment pas un exemple à suivre.

Je pissai en faisant beaucoup de bruit, porte des toilettes ouverte.

— Ferme ta porte quand tu fais pipi ! lança-t-elle d'un ton monocorde, sans agressivité, sans que ce soit un réel reproche, juste parce que le bruit la déconcentrait en plein tournoi de son jeu en ligne.

Je fermai la porte, obéissant comme un gamin, tirai la chasse et ressortis. Puis je me dirigeai vers la cuisine. Sous l'évier, je me saisis d'une bouteille de whisky de médiocre qualité mais pleine. Du Grant. C'était bien suffisant pour ce que j'en faisais. Dans le frigo dont la porte grinça, j'attrapai du Coca, et dans un grand verre mélangeai les deux breuvages, ayant la main plus lourde sur le liquide mordoré que sur le soda. Je plaçai mes écouteurs dans mes oreilles, bien au fond, et sortis sur le balcon où j'aimais me balancer sur le rocking-chair hérité de mon grand-père, emmenant avec moi les deux flacons. Sur mon lecteur audio, je sélectionnai un best of de Queen. Aux premières notes, un frisson me parcourut. Mes poils se dressèrent. J'avais quinze ans, d'un seul coup. J'avais cette faculté de me replonger dans le passé, à des moments précis. De ressentir des émotions disparues depuis longtemps. De les vivre. De faire de la nostalgie un sentiment bien réel et présent, alors que le présent ne m'intéressait pas. Je montai le son, allumai une Marlboro et bus une grande rasade de whisky-Coca. Les titres de Mercury, les rasades et les clopes se succédèrent.

Soudain, la baie vitrée s'ouvrit. Julia se tenait dans l'encadrement. J'ôtai l'une de mes oreillettes.

— Je vais me coucher, je suis morte, dit-elle de façon monocorde.

— Bonne nuit, répondis-je, en me servant un nouveau verre.

Je n'étais pas triste de voir mon couple aller droit dans le mur. Je n'en avais rien à foutre. Il y avait bien longtemps que je faisais juste acte de présence et que je contenais ma rage. J'allumai une cigarette et balançai un doigt d'honneur aux étoiles, tandis que Freddy envoyait *Don't stop me now*. La nuit était douce et le ciel, étoilé. Une lune rousse flottait là-haut, mystérieuse et inaccessible.

CHAPITRE 9

Florence, 16 mars 2013

À 3 h 30 du matin, je quittai le *Jaguar Florence Club,* totalement défoncé. J'avais enchaîné les rhum-Coca et pris une belle quantité de coke achetée à un dealer dans les toilettes de la boîte, ce qui me permettait de rester lucide. Je longeai l'Arno jusqu'au Ponte Vecchio que je devais emprunter pour rejoindre l'hôtel sur l'autre rive.

Au beau milieu du pont, un type m'accosta dans un anglais approximatif. Le crâne rasé, le teint bis, il faisait ma taille et possédait une carrure athlétique. Il portait un survêtement. Je compris tout de suite qu'il allait essayer de me voler. Il s'approcha de moi pour continuer à me parler, avec un air narquois qui me fit vriller. Sans un mot, je lui mis un coup de pied entre les jambes. Il hurla de douleur et tomba à genoux. J'aurais pu partir, mais ce n'est pas ce que je fis. J'avais envie de lui faire mal. Pas pour lui donner une leçon, non, par plaisir.

Je balayai les lieux du regard pour m'assurer qu'il n'y avait pas de caméras à proximité. Puis je lui mis un autre coup qui le fit tomber au sol, allongé. Je frappai une deuxième fois. Une troisième. Une quatrième. La cloison nasale du type éclata. Un rideau de sang se forma sur son visage. Putain que c'était bon ! Je me mis même à bander. Je continuai à cogner. Avec le talon sur sa bouche. Plusieurs dents volèrent au sol. Son visage se déformait un peu plus à chaque impact.

— Fils de pute ! hurlai-je en riant.

Je marquai une pause en regardant le ciel. Les étoiles brillaient de mille feux et je les pris à témoin de mes actes.

— Regardez ça ! lançai-je.

Je n'avais qu'une envie : mettre son crâne en bouillie. Voir sa cervelle éclatée sur les dalles de pierre qui constituaient le sol. Quelle frénésie ! Quel plaisir ! Ses yeux étaient exorbités, comme s'ils allaient exploser. Je frappai aux côtes, aux couilles. Pour détruire. Pour tuer. Il ne bougeait plus, inanimé. C'est alors qu'un groupe de personnes se mit à hurler à quelques dizaines de mètres. *Merde !* me dis-je, déçu de devoir m'arrêter là. Je me mis à courir vers la place du Dôme, le plus vite possible. L'adrénaline avait comme éliminé l'alcool de mon organisme.

Lorsque je fus hors de portée, je m'arrêtai, essoufflé. Posant mes mains sur mes hanches et me penchant vers le sol pour reprendre ma respiration, je constatai que mes mocassins étaient couverts du sang de cet abruti et que leur cuir avait été abîmé.

— Connard ! hurlai-je en perçant le silence de la nuit. J'étais hors de moi. Putain, j'adorais ces mocassins. Très énervé, j'atteignis vite l'hôtel. Je renonçai à prendre l'ascenseur, préférant monter les escaliers quatre à quatre pour laisser ma rage s'exprimer. Le seuil du couloir franchi, je dus me faire violence pour ne pas faire de bruit, pour ne pas tout casser sur mon passage. J'ouvris la porte de la chambre. Dans l'obscurité relative, les volets n'étant pas fermés, je distinguai les ombres de Camille et de sa conquête. Ils semblaient dormir. Lui était sur le dos. Elle était sur le côté, son cul nu tourné vers moi, une jambe et un bras posés sur mon compère. Je m'approchai d'eux. Je tapotai sur l'épaule de la fille. Elle se réveilla. Son regard brillait. Elle semblait surprise mais ne se cacha pas sous la couverture pour autant. Je me déshabillai en observant ses réactions, faisant voler mes mocassins d'un mouvement brusque du pied. Je déboutonnai ma chemise, la jetai par terre. Puis je me débarrassai de mon jean et de mon slip, tout en la fixant. Je constatai qu'elle n'était ni choquée ni étonnée. Elle devait avoir l'habitude des plans à plusieurs. D'un signe de la main, je l'invitai à me rejoindre dans mon lit situé à deux mètres du leur, en parallèle. Elle obéit et nous nous allongeâmes l'un à côté de l'autre tandis que Camille dormait toujours. La haine bouillonnait encore en moi. Je pensais au type que j'avais tabassé et à mes chaussures abîmées. Sans que je lui demande, elle commença à me sucer. Mal. Elle faisait cela d'une façon mécanique, comme si elle répétait une leçon apprise à l'école. Elle effectuait d'amples mouvements avec ses lèvres, ne les serrant pas assez. On m'avait dit que les Anglaises n'étaient pas douées au lit et cela semblait se confirmer. À tel point que ma queue n'eut aucune réaction. Au bout de deux minutes, elle se redressa avec un sourire.

— *Your cock is so soft, darling*, minauda-t-elle.

Elle se foutait de moi. Elle me fit penser à Isabelle Dereu. Je connaissais ce regard moqueur qu'ont les femmes quand un homme ne bande pas. Ce putain de sentiment de supériorité qui les animait à ce moment-là. Ce plaisir de nous humilier comme des gosses.

— *Suck, slut !* dis-je en la saisissant pas les cheveux et en la forçant à me reprendre en bouche.

Je la maintins avec fermeté par l'arrière du crâne pour rythmer ses mouvements. J'appuyai très fort, au point qu'elle s'étouffa un peu et protesta. Je ne bandais toujours pas. Elle voulut alors sortir du lit, mais je la rattrapai par le poignet et la tirai en arrière. Elle s'étala sur le lit, sur le dos. Dans un mouvement rapide, je me plaçai au-dessus d'elle, pour la bloquer. Là, je lus de la surprise dans son regard. De la surprise et de la peur. Je la giflai. De stupeur, elle resta figée un moment, mais l'instant d'après, elle hurla.

— Ferme ta gueule, ordonnai-je en serrant les dents pour ne pas crier et en plaçant la main sur sa bouche.

Mais cette conne me mordit. Je la frappai. Un coup de poing puissant en pleine face. Elle commença à se débattre en baragouinant en anglais.

— Tom, qu'est-ce que tu fous, putain !

Le bruit avait réveillé Camille qui m'agrippait par les épaules et m'empêcha de cogner l'Anglaise de nouveau. Son intervention eut l'effet d'un électrochoc. Je pris soudain conscience du fait que sans lui, j'allais violer et tuer cette fille, sans l'ombre d'un doute. L'assassiner dans une chambre d'hôtel réservée à mon nom. Et me retrouver avec un cadavre dont je n'aurais su que faire. C'était le meilleur moyen de se faire arrêter et de finir en taule. Quel con ! Putain de pulsion !

Je laissai l'Anglaise se dégager de mon emprise. Elle se leva, affolée, le nez en sang, ramassa ses vêtements à la hâte, et sans prendre le temps de les enfiler, elle quitta la chambre. Je me laissai tomber sur le lit et me mis en boule, prostré, incapable de bouger ou même de parler. Dans le vague, j'entendais la voix de Camille :

— Mais qu'est-ce qui t'a pris, Tom ? Tu as encore recommencé ! Tu me fais peur ! Un jour tu vas tuer quelqu'un, si tu continues comme ça !

Alors qu'il me sermonnait sans réponse, une idée chassa les autres dans ma tête fatiguée : j'avais besoin d'une nouvelle paire de mocassins.

Après s'être habillé en hâte, Camille quitta la chambre à la poursuite de son Anglaise. Il espérait la rattraper pour s'excuser de mon comportement. Sans le dire, il avait peur aussi qu'elle aille porter plainte au petit matin et de se retrouver embarqué dans une sale histoire par ma faute.

Ma rage était tombée. Elle avait laissé place à un spleen intense. Je savais quoi faire, lorsque cela m'arrivait. Je décidai d'aller frapper à la porte de Kurt à qui j'avais demandé de m'accompagner à Florence précisément pour m'aider à gérer ce type de situation. Je toquai.

— Entre, c'est ouvert ! répondit-il tout de suite, sans le moindre doute sur l'identité de la personne qui le dérangeait à 4 h 30 du matin.

Au son de sa voix, je compris que je ne l'avais pas réveillé. À croire que ce type ne dormait jamais. Il était là, allongé sur son lit, Converse aux pieds, vêtu de deux jeans superposés et de plusieurs couches de tee-shirts sous une chemise à carreaux. Il avait l'air défoncé, comme à son habitude.

— T'as encore merdé ? lâcha-t-il tout en sniffant un rail de coke sur sa main gauche.

— Ouais, si on peut dire..., répondis-je en prenant place à côté de lui sur le lit.

— *Brown sugar* ? proposa-t-il en se saisissant d'une petite seringue.

— Putain, oui, envoie ! acceptai-je, comme toujours.

Il me tendit la seringue et un élastique épais en guise de garrot. Une minute plus tard, je m'injectai la dose d'héroïne dans les veines. L'euphorie tranquille arriva assez vite. Elle m'apaisa. Je connaissais par cœur les effets de cette came. Le ralentissement des gestes alors qu'à l'intérieur, c'est la fête. Je me laissai porter dans ce voyage immobile que j'avais fait tant de fois. Kurt souriait. Tout était cool. Tout devrait toujours être comme ça. Je planais. Rien ne pouvait plus m'arriver. Je pris une autre dose, avec l'aide de mon ami qui me l'administra. C'était parfait. Il se saisit de sa guitare posée contre le mur à côté du lit, et en sourdine, il commença, en caressant à peine les cordes, à jouer un morceau de Sonic Youth, *Superstar*. Il fredonnait les paroles pour ne pas réveiller tout le couloir de l'hôtel :

Loneliness is such a sad affair
(La solitude, c'est vraiment une triste affaire)
And I can hardly wait
(Je peux difficilement attendre)

To be with you again
(D'être avec toi encore)
What to say
(Que dire)
To make you come again
(Pour te faire revenir)
Come back to me again
(Te faire revenir vers moi)
And play your sad guitar
(Et jouer de ta triste guitare)

Je ne connais aucun morceau plus mélancolique que celui-là. Toi qui es en train de lire ces lignes, je te conseille de l'écouter, avant de les lire de nouveau. Tu en sortiras changé à jamais. Mon esprit s'en alla, porté par la musique. Le rideau tomba sur la scène de ma vie, l'espace de cet instant suspendu.

CHAPITRE 10

Paris, 13 juillet 2012

Le lendemain matin, je me réveillai avec beaucoup de difficulté. Je n'avais plus aucun souvenir de la soirée de la veille. Un véritable trou noir. J'étais incapable de dire comment et à quelle heure je m'étais couché. Mon cœur battait dans mes tempes. Je me tournai, par habitude, vers Julia. Elle dormait, bouche grande ouverte. Elle me dégoûtait, même si plus jeune que moi, elle possédait encore une beauté juvénile. Une forme d'insouciance rayonnait sur son visage, en toute circonstance. Elle était sans emploi, par choix. Elle se lèverait vers 9 ou 10 heures, comme tous les jours. Sa journée serait rythmée par des séries, des appels téléphoniques et des jeux vidéo. Une idée me traversa l'esprit : que m'arriverait-il si je lui plaquais mon oreiller sur la tête pour l'étouffer ? Il était 6 h 30 et je devais aller bosser.

Dans le miroir de la salle de bains, je constatai les dégâts. De larges cernes bleutés se dessinaient sous mes yeux, une veine saillante lacérait mon front. Je faisais dix ans de plus que mon âge. Il fallait masquer tout cela. Je ne pouvais pas me permettre d'apparaître fatigué, au boulot. Je n'étais pas que romancier. J'étais aussi directeur dans une entreprise de travaux publics, à la tête d'une grosse équipe. Face à mes subordonnés, je devais être irréprochable. Ne surtout pas donner la moindre impression de faiblesse. À l'époque, cela avait encore un peu d'intérêt pour moi d'être bien vu. Je me douchai, toussai et crachai mes poumons noircis par le tabac et autres substances. Puis je me séchai les cheveux, me coiffai, me maquillai pour me rendre présentable et enfilai mon costume. En ajustant ma cravate, je me trouvai meilleure mine. Depuis le temps que je me supportais, j'avais du mal à me trouver beau mais je m'acceptais. Je bus un café sur le balcon, seul, en fumant une Marlboro qui m'arracha une méchante toux et en écoutant un morceau de Eels :

Little bird
(Petit oiseau)
Hoppin' on my porch
(Trépidant sous mon porche)
I know it sounds kinda sad
(Je sais que cela semble un peu triste)
But what's it all for?
(Mais à quoi ça sert ?)
Right now you're the only friend I have in the world
(En ce moment, tu es le seul ami que j'ai au monde)
And I just can't take out very much
(Et je ne peux simplement pas supporter davantage)
Goddamn
(Putain de merde)
I miss that girl
(Cette fille me manque)

Chaque matin, c'était ma petite marotte, il fallait que j'écoute de la musique, cela donnait le ton de la journée. Triste le plus souvent. Lorsque je montai dans ma voiture, j'allumai une deuxième cigarette.

Le portail automatique du garage de la résidence s'ouvrit sur le monde extérieur. Un monde que je haïssais, peuplé de gens que je détestais, empli de stress. On frappa à la vitre de la portière côté passager. C'était Kurt. Je sursautai, me repris et ouvris la porte.

— Tu m'as fait peur, putain ! Qu'est-ce que tu fous là ? Tu as dormi là ou quoi ? demandai-je.

— Mais non, t'es con ! Tu peux m'avancer en ville ? J'ai une course à faire..., répondit Kurt en soufflant dans ses mains pour se réchauffer.

— Oui, monte !

— Tu fumes déjà ? lança Kurt sur le ton de l'humour en s'allumant lui-même un joint.

— C'est toi qui me dis ça, avec ton kilo d'herbe par jour ?

— Déconne pas, mon pote, j'arrête de fumer toutes les cinq minutes ! poursuivit Kurt en riant.

— Ça va te tuer, tu sais !

— Et alors ? J'ai un temps imparti. Toi aussi. On va tous crever. On commence tous à crever, le jour de sa naissance, non ? Et puis je suis déjà un peu mort...

Kurt recracha sa fumée en essayant de faire des ronds. L'habitacle s'embruma, embaumé par l'odeur de son pétard.

— Ouvre ta fenêtre, merde, je ne vois plus la route ! m'agaçai-je en agitant les mains devant moi pour dissiper l'épais brouillard.

— C'que t'es chiant, Thomas ! OK.

Tout en actionnant le lève-vitre, il continua :

— T'as réfléchi à ton projet de bouquin ?

— Pas vraiment. Je me suis défoncé, hier soir.

— Ah je vois, tu as fini la tête dans les chiottes ? demanda Kurt, l'œil malicieux.

— Je ne sais pas. Black-out.

Kurt se mit à rire.

— Ben bravo ! Donc, tu n'as pas avancé dans tes réflexions ?

— Non, fis-je d'un ton sec.

— Pourquoi tu ne parlerais pas de toi, comme je te disais ? De qui tu es vraiment, insista-t-il.

— Ça ferait chier tout le monde et ça choquerait.

— Haha ! Pas tes ex ! Elles voudraient comprendre l'animal qui se cache en toi ! Ça te ferait déjà pas mal d'exemplaires vendus, avec ton tableau de chasse !

— T'es con ! répliquai-je, pas d'humeur.

— Je sais. Non, blague à part, mon pote, parle de toi. Fous tes couilles sur la table !

— Tu me l'as déjà dit !

Les tours de la Défense se dessinaient déjà. En les voyant, j'eus la même boule au ventre que tous les matins. Sensation d'oppression. Gorge serrée. Cette ville grouillante me rendait malade. J'y voyais une boîte de Pétri géante dans laquelle les hommes réduits au stade de cellules se reproduisaient, toujours plus nombreux, toujours plus agités et esclaves d'un destin qu'ils n'avaient pas choisi mais auquel ils se résignaient, las et lâches. Je faisais partie de cette société de connards et je n'avais qu'une envie : quitter la boîte de Pétri et retrouver le temps long de l'enfance. Le temps long, je m'en donnais parfois l'illusion en regardant de vieux westerns, seul. Tout s'y passait au ralenti. Les détails y avaient de l'importance. Chaque bruit. Chaque geste. Le bien et le mal s'y distinguaient avec facilité, dans un manichéisme caricatural, frôlant parfois le ridicule, mais ô combien rassurant. La vie, qu'elle fût mise à prix ou non, y avait du sens et une valeur. Dans ces films aux images passées, je retrouvais la couleur jaunie de mes dix ans, les dimanches après-midi d'ennui ou les chaudes journées d'été passées à l'ombre des volets devant ce qui s'appelait encore, de façon très juste, le petit écran.

— T'aimes pas cette ville, mec, hein ?

Perdu dans mes pensées, égaré, par l'esprit, sur un mustang, quelque part entre le Texas et la vallée de la Mort, je mis du temps à répondre :

— Non, et c'est de pire en pire.

— Alors casse-toi ! Change tout ! cria Kurt.

Je me tus. J'actionnai le bouton de la télécommande du parking de l'entreprise où je bossais. Sans que je m'en aperçoive, sans un mot, Kurt avait disparu dans la cohue qui régnait déjà sur les trottoirs de la ville. Je me garai, et tâchant de ne croiser personne, je montai dans l'ascenseur qui me mena au treizième étage où je descendis d'un bond pour m'enfermer, au plus vite, dans mon bureau. Assis sur mon confortable fauteuil, je regardai les murs blancs. En six ans à cette place, je n'avais jamais pris le temps de personnaliser l'espace dans lequel je passais le plus clair de mon temps. Pas un tableau, pas une photo, pas un souvenir de vacances. Cette pièce me ressemblait. Impersonnelle. Elle était vide.

Mes secrétaires n'étaient pas encore arrivées. J'aurais aimé profiter de ce moment de quiétude, avant que la folie quotidienne emportât tout sur son passage, mais on frappa à ma porte.

— Entrez ! criai-je.

C'était Camille. Camille était mon plus fidèle collaborateur. Je le connaissais depuis longtemps. Nous avions passé une bonne partie de notre vie ensemble, fait les mêmes études. Nous ne nous étions jamais vraiment quittés, même lorsque le quotidien, parfois, nous éloignait.

— Comment tu vas ce matin, Thomas ? demanda-t-il, souriant.

— Comme tous les matins.

Je le connaissais depuis des lustres, mais je ne le considérais pas, pour autant, comme un ami. Il faut dire que nous n'avions pas du tout le même caractère. Camille était la droiture même. Il était honnête, ancré dans la réalité, là où je jouais des rôles en permanence. Camille était heureux, se contentait des petits plaisirs de la vie et savait faire confiance aux gens, quand je n'avais de cesse de fuir le bonheur et les autres, de peur d'être déçu. Camille savait ce qu'aimer voulait dire, même s'il n'avait pas encore trouvé chaussure à son pied et qu'il avait, lui aussi, déjà divorcé, alors que j'ignorais tout de l'amour véritable, passant mon temps à m'éloigner des ports que je venais à peine d'atteindre. Nous étions comme l'ombre et la lumière.

— Tu veux que je te fasse un café ? proposa Camille.

— Pourquoi pas...

Tandis que le café coulait, je regardais Camille avec dédain et amertume. Ce dernier était beaucoup trop simple et respectueux de tout, à mes yeux. Je le trouvais faible. Fade. Si fragile. Sans consistance. Chiant. J'avais souvent envie de le frapper. Et dans le même temps, je l'admirais et l'enviais sans le dire.

— Tiens, ton caoua !

Je me saisis de la tasse fumante. J'y laissai fondre un sucre. Le personnel commençait à investir l'immeuble, qui ne tarda pas à prendre des allures de fourmilière. Comme tous les jours, j'allais régler mille problèmes, signer des centaines de courriers, me comporter en manager redoutable. Carnassier, sous mes airs flegmatiques, j'excellais dans mes fonctions. Comme à l'école, j'étais le meilleur. Le premier. Camille s'éclipsa, sur la pointe des pieds. La journée se déroula dans le stress, à l'image de toutes les autres.

Je rentrai chez moi vers 20 heures. À peine la porte franchie, je saluai Julia.

– Bonsoir !

Elle ne répondit pas tout de suite, n'ayant pas constaté ma présence, absorbée par une série télévisée. Je m'avançai dans le séjour, ôtai mes chaussures et passai devant le canapé.

— Ah, tu es là, je ne t'avais pas vu, dit-elle d'une voix à peine audible, gardant les yeux sur l'écran.

Elle ne prêtait plus attention à moi depuis longtemps. Je veux dire « vraiment attention ». Elle ne me posait jamais de questions sur ma journée et mes éventuels soucis professionnels, ne s'interrogeait pas sur mon spleen évident, lorsque j'écoutais des morceaux tristes à mourir. Elle n'ouvrait même plus les livres que j'écrivais. Cette forme d'indifférence s'était installée petit à petit, avec les années. De façon insidieuse. J'avais souvent envie de lui faire payer ça. De lui faire mal. De la salir.

Ce soir-là, j'étais dans cet état d'esprit. Je dînai très vite et m'isolai dans mon bureau, prenant le prétexte de travailler sur mon prochain roman. Mais en fait d'écriture, je me connectai sur un site de rencontres où j'avais mes habitudes. Je collectionnai les maîtresses par dizaines pour compenser l'indifférence de ma femme. Pendant un moment, j'y avais trouvé mon compte, mais depuis quelque temps, même dans l'infidélité, le sexe conventionnel ne m'excitait plus et l'ennui me gagnait. J'avais besoin d'autre chose de plus extrême…

CHAPITRE 11

Florence, 16 mars 2013

À 8 h 30 du matin, une odeur horrible me réveilla. En proie à des douleurs abdominales, tremblant, je bâillai, avant de chercher l'origine de cette puanteur. Je la trouvai très vite. J'avais eu la diarrhée dans mes draps. Je m'étais fait dessus. Cela m'arrivait parfois. C'était un des effets indésirables de l'héro. Je constatai que j'avais réintégré ma chambre, sans en avoir aucun souvenir. Camille était là, à côté de la fenêtre qu'il avait ouverte pour aérer. Il fumait et me regardait de façon méprisante. Je savais ce qu'il pensait. *Tu as encore pris de la drogue, tu te détruis, tu es navrant.* Je n'avais rien à foutre de son jugement.

Je pris les draps pour les rincer dans la salle de bains de façon grossière. Pas pour faciliter la tâche de la femme de ménage. Juste pour nous éviter d'être virés de l'hôtel. La merde s'évacua dans le siphon. Comme elle, les conséquences de nos actes bons ou mauvais disparaissaient toujours. Comme nous. Comme nos vies insignifiantes.

Je me douchai. L'eau froide qui coulait sur mon corps me réveilla très vite. Depuis quelque temps, je n'éprouvais plus aucun sentiment négatif, les lendemains de défonce, alors que cela avait été le cas pendant des années. En fait, je m'acceptais de plus en plus, assumant ce que j'étais et conscient de n'y pouvoir rien changer. Je m'habillai, passant les mêmes vêtements que la veille.

— On va aller voir le lieu de l'agression de la prostituée et la première scène de crime de 68, lançai-je à Camille qui n'avait pas bougé.

— Tu ne préfères pas contacter Francesca Lombardi, ou aller voir les flics avant ? On pourrait interroger la prostituée qui a survécu aussi, non ? demanda-t-il en attrapant ses chaussures.

— Non, j'ai besoin de ressentir l'ambiance sur place. De me faire ma propre idée. La journaliste, on la verra plus tard. Pour les flics, ça m'étonnerait qu'ils nous disent quoi que ce soit. En France, ça serait déjà compliqué, mais ici, c'est encore pire. Ce ne sont pas des rigolos. Et la pute doit être inaccessible, avec l'enquête en cours. Essayer de la voir attirerait l'attention sur nous et je n'ai pas envie de ça, affirmai-je, sans lui laisser le choix.

— Comme tu veux, répondit-il sans insister, en finissant de se vêtir.

Sa phrase n'était pas encore terminée que j'étais déjà sorti, impatient. Il m'emboîta le pas et dans la précipitation, manqua de tomber, après avoir fermé la porte à clé. La décoration du couloir était sur la même ligne que celle de la chambre, datée. Au sol se déroulait une moquette rose trouée par endroits par les mites. Sur les murs, une tapisserie tissée typique des années 60 représentait des végétaux et des fleurs. Aux murs, des reproductions des tableaux des grands maîtres de la Renaissance aux couleurs passées achevaient de donner un côté kitch et vieillot à l'ensemble. Nous passâmes devant la chambre de Kurt à qui j'avais donné l'instruction de ne pas sortir sans m'en avoir au préalable averti. Je n'avais aucune envie de le croiser en compagnie de Camille. Cela aurait sonné la fin de notre escapade florentine, je le savais. Ils ne pouvaient vraiment pas se voir. La femme de ménage nous salua en italien. Je ne lui répondis pas.

Une fois en bas, nous récupérâmes la voiture dans le parking où nous l'avions garée et nous prîmes la direction de Ugnano où la prostituée agressée avait été retrouvée entre la vie et la mort. Circuler à Florence et dans sa périphérie était une expérience proche du suicide. Si vous aviez échappé à l'étroitesse des rues du centre-ville, il vous fallait ensuite affronter les Italiens au volant. Ce n'était pas une légende, ils conduisaient n'importe comment, très vite, se frayant un chemin à grands coups de klaxon. Le pire, c'étaient les scooters. Ils arrivaient de nulle part, se faufilaient entre les bagnoles. Dans un monde sans interdits, j'en aurais renversé quelques-uns pour me calmer. Dans le lecteur CD de l'autoradio, j'avais inséré un best of de 1993, une année importante pour moi, une année où j'étais, en quelque sorte, resté bloqué. Les hits n'avaient rien de chefs-d'œuvre, mais ils constituaient une véritable machine à remonter le temps. Sur la route s'enchaînèrent *Ordinary World* de Duran Duran, *Falling in love with you* de UB40, *I will always love you* de Whitney Houston, *All that she wants* de Ace Of Base et tant d'autres titres qui me firent penser, comme à chaque fois, à cette conne d'Isabelle Dereu dont nous reparlerons.

— Qu'est-ce qui t'a pris hier, Tom ? se décida à demander Camille.

— Quoi ? Avec l'Anglaise ? fis-je mine de ne pas comprendre.

— Oui, avec l'Anglaise, quoi d'autre ! Pourquoi tu l'as frappée ? Tu allais la violer, bordel ! s'agaça-t-il en me fixant du regard pour jauger ma réaction.

— Mais non, je n'allais pas la violer. C'était une garce, elle aimait que la baise soit un peu brutale, c'est tout, répondis-je, cherchant à couper court à la conversation.

— Pas du tout ! Avec moi elle a été très tendre, insista-t-il.

— Putain mais qu'est-ce que tu peux être naïf ! Bientôt tu vas me la vendre comme une oie blanche ! La fille se fait brancher en boîte par un mec, toi en l'occurrence, elle accepte de baiser tout de suite alors que vous avez échangé trois mots, tu la baises, je rentre, je la chauffe un peu et elle change de lit ! T'appelles ça comment toi, Camille ? Moi j'appelle ça une grosse salope ! Elle kiffait ce que je lui faisais. Elle a juste surréagi quand elle s'est aperçue que tu ne dormais pas. Point barre. Tu l'as rattrapée, d'ailleurs ? questionnai-je, agacé tandis que *Wonderful Life* de Black résonnait dans l'habitacle.

— Euh... oui, dit-il, penaud.

— Et ? Elle t'a dit quoi ? Elle a dit qu'elle allait porter plainte ? continuai-je d'un ton sec en plantant mes yeux dans les siens.

Il marqua une pause avant de répondre, cherchant ses mots :

— Non... Elle s'est excusée d'avoir répondu à tes avances, finit-il par lâcher.

— Bon alors, tu vois ! Elle sait qu'elle est une grosse salope !

Il se tut quelques instants et reprit la parole, un peu gêné :

— C'est comme ce type qui s'est fait tabasser... Ça n'est pas toi, hein ? Pas comme l'autre mec à Amsterdam ? demanda-t-il.

— Quel type, Camille ? De quoi tu parles ? haussai-je encore le ton, en passant la main sur mon front pour retirer la transpiration qui coulait, malgré la clim.

— Dans les journaux, ce matin, ils parlent d'un mec qui s'est fait salement amocher. Une bagarre qui aurait mal tourné, d'après ce qu'ils disent. C'est arrivé entre 3 h 30 et 4 heures, pile quand tu es rentré de la boîte et sur ton chemin. Tu n'as rien vu ?

Il me fixait à nouveau, suspicieux.

— Je n'ai rien vu, mec ! Rien ! C'est bon, on peut se concentrer sur notre enquête maintenant ? L'interrogatoire est fini ? le tançai-je, excédé.

Il n'insista pas. Il savait qu'il ne fallait pas m'irriter lorsque j'étais dans cet état-là. Il nous fallut plus de trois quarts d'heure pour arriver au pont d'autoroute sous lequel la victime avait été attachée, tout au bout de la via del Cimiterio (la rue du Cimetière : je notai ce détail qui ne pouvait pas être une coïncidence), une voie sans issue. Je me garai.

— Tu as vu la circulation au-dessus avec l'autoroute ? C'est dingue que le type ait agi là ! fit Camille, en sortant de la voiture alors qu'il était resté silencieux après notre discussion houleuse au sujet de l'Anglaise et de l'homme que j'avais tabassé.

— Au contraire, c'est l'endroit parfait ! répondis-je, en claquant la portière et en allumant une cigarette.

L'impasse débouchait sur les berges de l'Arno et sur un chemin mal entretenu, couvert de végétation et de détritus, qui passait sous le pont. L'endroit avait des allures de cloaque. C'était un cul-de-sac tout à fait propice aux relations tarifées et aux trafics en tout genre. Il y avait un contraste total, brutal entre la circulation très dense sur l'autoroute qui passait sur le pont et le côté « coupe-gorge » du dessous. C'était désert, et à moins d'avoir un truc interdit par la loi à y faire, il n'y avait aucune raison de se retrouver là. Malgré tout, pour arriver sur les lieux, il fallait passer devant trois habitations qui semblaient occupées, ce qui présentait un risque important d'être vu. D'après les articles de presse, les faits s'étaient déroulés de nuit, ce qui limitait quand même ce risque. Le site était assez sinistre, même sous le soleil qui cognait ce jour-là. Dans la pénombre, cela devait être encore plus flippant.

— Rue du Cimetière, putain ! fit Camille, enthousiaste.

— Quoi, rue du Cimetière ? interrogeai-je.

— Ben... mon Américain, Joe B, bossait dans un cimetière au moment des meurtres du Monstre dans les années 70-80 ! Tu vois la réf, non ? Ça sent le Zodiaque, tout ça ! poursuivit-il, presque euphorique.

Je ne répondis pas, me contentant de penser : *il a peut-être raison, ce con.*

— Je pense que c'était là, lança-t-il en pointant du doigt un espace sous le pont où des repères de peinture orange avaient dû être laissés par les flics.

Nous nous approchâmes. Il fallait gravir un petit talus qui grimpait jusqu'au tablier de l'ouvrage et à un poteau. Dans un trou formé par des épaufrures dans le béton armé, une barre de ferraille apparaissait. Sur le sol meuble, nous constatâmes la présence de nombreuses traces de pas, *celles des enquêteurs*, me dis-je, qui nous confirmèrent que c'était bien là que la prostituée avait été laissée pour morte. Je tirai sur le filtre de ma clope et laissai l'ambiance des lieux me pénétrer, sans écouter Camille qui me parlait. Je fermai les yeux et je pus, soudain, visualiser la scène avec une précision chirurgicale. Cela aurait été glaçant, pour la plupart des gens. C'était grisant, pour moi. Je me plaçai dans la tête du tueur.

La soirée est bien avancée et il est l'heure pour notre homme de passer à l'action. Sa cible : une pute. Pas question pour lui d'utiliser le Net pour la trouver. Cela laisse trop de traces. Il connaît donc un lieu où les filles tapinent sur le domaine public. Il a repéré l'endroit, a observé de loin le manège des clients, le grand cirque des macs qui viennent relever les compteurs, à heures fixes (il a identifié leurs bagnoles). Ça fait plusieurs semaines qu'il épie ce ballet, de façon discrète. Il doit être habitué à se fondre dans le décor. Il aime mater, prend plaisir à programmer son crime. Il rédige des notes, c'est probable. Il a choisi une proie qui lui plaît. Il sait qu'à partir de minuit, les souteneurs sont passés et que les clients se font plus rares. Les prostituées commencent à se disperser. Certaines rentrent pour dormir dans leurs hôtels miteux. D'autres passeront la nuit dans des camionnettes pourries, au bord de la route. C'est le bon moment pour agir. Mais comment être sûr que celle qu'il veut sera toujours là ? À sa place, je serais passé avec ma caisse plus tôt dans la soirée. J'aurais ouvert ma vitre en arrivant à son niveau. « Combien tu prends ? », aurais-je demandé en anglais (les putes de rue sont souvent étrangères). « 80 la pipe, 100 l'amour », aurait-elle répondu. « Tu me plais beaucoup. J'aimerais un extra. J'ai envie de te dominer un peu. Je peux te donner 1 000 euros si tu es OK », aurais-je ajouté en lui montrant une liasse de billets en gage de sérieux et pour obtenir toute son attention. Elle n'aurait pas hésité longtemps, anticipant déjà de garder une grosse partie de cette somme pour elle seule. « J'ai un truc à faire mais je peux revenir à minuit, tout à l'heure », aurais-je conclu, en lui demandant de m'attendre à l'écart des autres dans un coin très discret que j'aurais repéré au préalable. À l'heure dite, il récupère la fille, la fait monter dans sa voiture, après s'être assuré que personne ne les a vus. Puis il démarre. Pour la rassurer, il lui donne l'argent et roule vers la via del Cimiterio (il a choisi cet endroit parce qu'il sait qu'il va la tuer), vers ce lieu qu'il a repéré de nombreuses fois, avant ce soir-là. Il est vieux (si c'est le Monstre, il a au minimum soixante, soixante-cinq ans), il paraît sympa et inoffensif. De l'argent facile, *doit se dire la pute. En passant au niveau des trois habitations, il éteint ses phares pour ne pas attirer l'attention. Il se gare, en marche arrière pour pouvoir repartir plus vite, au cas où une bagnole ou une patrouille de flics arriverait. La nana agit comme une pro, de façon très mécanique. Elle doit être pressée d'aller dormir. Elle descend sa braguette et entreprend de le sucer, mais il refuse. Il lui parle en anglais. Il lui rappelle que les 1 000 balles, c'est pour la dominer, pas pour une pipe bâclée à l'arrière d'une bagnole. Mais il lui dit poliment pour qu'elle soit consentante. Dans le coffre de sa voiture, il a de l'adhésif et du matériel. Il lui explique de façon claire qu'il a envie de l'attacher à poil à ce poteau en béton qui nous fait face. Même s'il ressemble à un grand-père, elle rechigne un peu. Il lui dit qu'il ne serrera pas les liens, que c'est juste un fantasme. « Je t'attache, je te doigte et tu me suces, c'est tout… » Il doit lui dire un truc de ce genre. Elle hésite, mais il sort 500 euros supplémentaires de sa poche. Ça achève de la convaincre. Elle se dirige elle-même vers le poteau et se déshabille. Il la regarde faire. Il connaît la suite et pas elle. Cela doit l'exciter beaucoup. Avec le chatterton, il lui attache d'abord les mains à la barre de fer. Puis il lui demande de se mettre à genoux. Elle proteste. Elle a peur de s'écorcher. Il lui rappelle que pour 1 500 euros, elle peut supporter une ou deux égratignures. Elle obéit. Il accroche ses chevilles entre elles. Puis il la bâillonne pour qu'elle ne puisse pas hurler. Elle n'est pas rassurée, mais pas plus inquiète que ça non plus. Il prend le temps de l'observer. Son regard a changé. Il est désormais rempli de vice. Elle a quarante-six ans. Elle n'est plus de première fraîcheur. Elle doit avoir les seins lourds un peu pendants, couverts de vergetures, le corps flasque, le visage abîmé par la drogue et le froid, la chatte très large à force de voir des queues passer. Mais c'est ça qui l'excite, maintenant, lui. Tranquille, il retourne au coffre de sa caisse. Il en sort son matériel, qu'il apporte jusqu'à elle. Il le déballe devant la fille. Godes imposants, pinces, martinet, ceinture, cravache, mais aussi scalpel, marteau et couteau. Il lit dans son regard qu'elle a compris. Il y voit la terreur absolue. Et ça, ça le fait bander. Ça le stimule. Peut-être qu'il sort sa bite et se branle un peu avant de commencer. Puis il met des gants et la frappe. Une gifle. Une claque sur les seins. Il lui pince les tétons très fort. Les hurlements sont étouffés par le bâillon. Il lui met un coup de pied dans le ventre, lui dit de fermer sa gueule, l'insulte en italien. « Sale pute ! Tu as ce que tu mérites ! » J'imagine qu'il la gode ensuite. Il lui déchire le sexe et le cul. Dans la position où elle se trouve, il ne peut pas la pénétrer facilement, et ce n'est pas ce qu'il veut, de toute façon. L'acte sexuel classique n'a rien d'excitant pour lui. Son plaisir, il le prend dans la douleur qu'il inflige. Il lui détruit la matrice. Elle se tord, essaie de se libérer de ses liens. Ça le fait rire. Il la cogne au visage pour la calmer. Avec une pince, il lui arrache un téton. Elle saigne. Il attrape le scalpel, s'approche de son visage, la regarde droit dans les yeux. Il se nourrit de sa peur, prend son pied. Elle est terrifiée. Elle pleure. Il balade la lame sur son corps, prend tout son temps, pratique de petites incisions çà et là, puis des coupures plus franches. Elle pisse le sang. Tous ses muscles sont tendus. Elle se débat. Il lui dit de ne pas bouger mais elle continue. Alors il se saisit du marteau et tape deux fois au niveau de la bouche. Il lui casse les dents et la mâchoire. Elle perd connaissance. Il éjacule, j'en suis sûr, à ce moment-là. Elle gît à genoux, la tête pendant vers le sol, inconsciente, lacérée, le visage en bouillie. Il prend le couteau et donne deux coups au niveau du ventre, pour l'achever. Il a joui, toute sa frustration s'est évacuée. Il ne pense plus qu'à partir le plus loin possible sans être vu. Il remballe son matériel dans un grand sac plastique, s'assure qu'il n'a pas laissé d'empreintes de pas dans la boue, la regarde une dernière fois comme un trophée pour garder cette image gravée dans sa mémoire. Peut-être même qu'il prend des photos. Avec ses gants aux mains, il ouvre le faux sac Chanel de la fille, y récupère ses 1 500 euros et retourne à sa voiture. Il repart, coupe ses phares en passant devant les trois habitations et une fois sur la route nationale, met les gaz pour s'éloigner au plus vite. Pour lui, elle est morte. Sauf qu'elle ne l'est pas.*

— Putain, tu m'écoutes, Thomas ? hurla Camille qui parlait dans le vide depuis un bon moment.

— Il faut qu'on interroge les habitants des trois maisons du chemin. Notre type n'est pas venu qu'une fois ici. Il a dû faire de nombreux repérages, me contentai-je de répondre en me dirigeant vers notre voiture.

— Les flics ont déjà dû les interroger ! À mon avis, ça ne sert pas à grand-chose..., m'opposa-t-il en haussant les épaules, ce qui avait le don de m'agacer.

— Si les flics étaient bons dans cette affaire, ça se saurait, non ? Ensuite, nous irons voir le spot où tapinait la fille pour y interroger les autres putes, tranchai-je en m'éloignant du pont sans me retourner.

CHAPITRE 12

Ugnano, 16 mars 2013

Nous nous avançâmes, à pied, dans la via del Cimiterio pour aller interroger les habitants des trois maisons situées sur l'itinéraire probable du tueur. Nous n'eûmes pas de succès avec les deux premiers propriétaires. Ils n'avaient rien vu, avaient déjà tout dit à la police et ne voulaient pas être emmerdés par deux Français sortis de nulle part. C'est donc avec peu d'espoir que nous nous dirigeâmes vers la dernière habitation située dans le renfoncement d'un grand jardin qui avait des allures de parc. Nous sonnâmes à l'interphone positionné à côté du portail d'entrée. Personne ne répondit malgré notre insistance, et nous allions repartir lorsque nous entendîmes une voix derrière nous :

— *Cosa posso fare per lei* (Que puis-je faire pour vous ?) *?*

Nous nous retournâmes. Les mots avaient été prononcés par une femme d'une cinquantaine d'années, toute menue, les cheveux noir corbeau, le teint très pâle, le visage émacié. Elle portait une robe noire. Ni moi ni Camille ne parlions italien. Je m'adressai donc à elle en anglais :

— *We are French journalists. We have a few questions to ask you about the attack that took place under the bridge* (Nous sommes des journalistes français. Nous aurions quelques questions à vous poser sur l'agression qui a eu lieu sous le pont), fis-je en prenant un air sérieux et un ton rassurant.

À sa mine, je devinai que la dame en noir n'avait pas compris ce que je lui disais.

— *Wait!* se contenta-t-elle de répondre avec un geste de la main pour nous signifier de ne pas bouger.

Elle tourna les talons et rentra chez elle en laissant le portail ouvert.

— On perd notre temps. Qu'est-ce qu'elle fout ? me demanda Camille.

— Je n'en sais rien. On attend qu'elle revienne et on voit..., dis-je en allumant une cigarette.

J'observai l'impasse. Elle était vraiment très étroite. Il était impossible pour deux voitures de s'y croiser, et même si le dessous du pont était un lieu très discret, je trouvais, au final, que le risque encouru par notre type était important. Si les flics avaient débarqué pour une raison *x* ou *y*, il lui aurait été très difficile de prendre la fuite avec sa bagnole. En même temps, avec l'âge, il n'avait plus grand-chose à perdre. Il avait peut-être même envie de se faire arrêter et ne prenait donc plus autant de précautions qu'avant.

J'étais perdu dans ces pensées lorsque la femme en noire réapparut, accompagnée d'un jeune homme d'une vingtaine d'années, très grand, le crâne rasé, mince et vêtu d'un survêtement aux couleurs du PSG, ce qui m'étonna.

— Bonjour, messieurs, s'annonça-t-il, en français.

— Bonjour, répondis-je en même temps que Camille.

— Que voulez-vous ? demanda-t-il avec un léger accent.

— Comme je le disais à madame, nous sommes des journalistes français et nous faisons un reportage sur l'agression qui a été commise au bout de la rue, mentis-je pour simplifier les choses.

— Et en quoi pouvons-nous vous aider ? poursuivit-il, en apparence très heureux de pouvoir tenir une conversation dans notre langue.

— Nous voudrions savoir si vous avez remarqué quelque chose d'inhabituel le jour où c'est arrivé, mais aussi dans les semaines qui ont précédé les faits, dis-je en écrasant mon mégot sous ma chaussure.

— Moi, non. Je fais des études à Paris et j'ai été absent pendant un trimestre. Je suis rentré il y a deux jours pour une semaine. Je demande à ma mère, répondit-il avant de s'adresser à la dame en noir, en italien, cette fois.

Elle lui fit une réponse assez longue en nous regardant et en faisant parfois des signes de la main pour désigner la direction du pont. Son fils traduisit :

— Le jour de l'agression, elle n'a rien vu du tout. Elle vit seule depuis le décès de mon père, il y a un an, et elle prend des cachets pour dormir. Avec ça et les bouchons d'oreilles, elle n'a rien entendu non plus. Elle a déjà dit tout ça à la police. Par contre, dans les semaines qui ont précédé, elle a remarqué une voiture, plusieurs fois, à différentes heures de la journée. Elle s'en souvient parce que sur la voiture, il y avait un gros autocollant du Cagliari Calcio...

— C'est quoi, ça ? l'interrompis-je, sentant que nous tenions quelque chose.

— Le club de foot de Cagliari. Ça l'a marquée parce que mon grand-père était un grand fan de cette équipe qui avait été championne d'Italie quand il était enfant. Et puis, ce n'est pas courant, car ici, tout le monde supporte la Fiorentina, précisa-t-il.

— Elle se souvient de cette voiture ? Elle était comment ? De quelle couleur ? Elle a vu le conducteur ? le bombardai-je de questions.

À nouveau, il échangea avec sa mère. Camille me fit un clin d'œil. Lui aussi sentait que c'était peut-être le début d'une piste.

— Elle pense que c'était une Golf ou une Fiat Bravo. Ma mère et les voitures, ça fait deux, comme vous dites en français. Un modèle de taille moyenne et plutôt récent. Pour la couleur, elle est sûre. Elle était blanche. Et elle n'a pas bien vu le conducteur. Étant donné la carrure, c'était un homme, mais elle n'a pas distingué son visage. Elle a aperçu cette voiture au moins trois fois le mois dernier et elle ne l'a pas recroisée depuis l'agression, précisa-t-il, en mettant les mains tout au fond de ses poches, ce qui lui donnait un air de racaille qui contrastait avec sa bonne éducation évidente.

— Votre mère a dit tout ça à la police ? questionnai-je.

Il l'interrogea.

— Non, elle n'a rien dit. Les policiers ne lui ont posé des questions que sur le jour des faits, pas sur ce qui s'était passé avant. Ça ne lui a pas paru important et elle ne s'en serait pas souvenu, si vous n'aviez pas demandé. Il y a souvent du passage ici. Des jeunes fument et se droguent sous le pont, ou ils viennent faire des galipettes, comme vous dites. Galipettes (il répéta, amusé). Mais les voitures passent rarement plusieurs fois, nous indiqua-t-il.

Après nous être assurés que la femme en noir n'avait plus rien à nous apprendre, nous saluâmes la mère et le fils et retournâmes à la voiture. Sur le chemin qui nous y ramenait, je fis une recherche sur mon téléphone. À dire vrai, j'étais incapable de situer Cagliari en Italie. Je tapai donc le nom de cette ville... pour m'apercevoir qu'il s'agissait d'un port en Sardaigne. La piste sarde, celle à laquelle je croyais le plus, venait de se préciser. J'en fis part à Camille. Il m'indiqua qu'une migraine commençait à le tarauder. Cela lui arrivait de plus en plus souvent, sans prévenir, et c'était très handicapant pour lui. Lorsqu'il en avait une, il était incapable de faire quoi que ce soit. Il devait rester allongé dans le noir, un bonnet sur la tête. Cela pouvait parfois durer quarante-huit heures, et les antalgiques n'avaient aucun effet.

— Je vais te déposer à l'hôtel et aller interroger les putes seul, lui proposai-je.

Il accepta sans discuter alors que je tournais la clé de contact. Je sentais que le coupable était là, tout proche de nous.

CHAPITRE 13

Paris, 15 juillet 2012

À peine rentré chez moi, je m'isolai dans la salle de bains pour me doucher et faire disparaître toute trace de mon rendez-vous de l'après-midi avec ma dernière conquête. Ma femme avait l'odorat sensible et la jalousie facile. Je me savonnai plusieurs fois en frottant fort. Malgré cela, j'avais toujours le sentiment de sentir le sexe, d'avoir la flagrance de la mouille et du cul de cette salope dans les narines. Comment s'appelait-elle déjà ? Zoé ? Zora ? Je ne sais plus. Je constatai que j'avais du sang séché sur la cuisse mais pas de blessure. Ce sang n'était pas le mien. Qu'avais-je bien pu faire pour avoir cette trace à cet endroit ? Je n'en avais aucun souvenir. Je grattai ma peau avec mes ongles. Mes doigts étaient douloureux, comme si j'avais frappé dans un mur. Je laissai couler de l'eau chaude dessus.

Une fois sorti de la douche, en m'essuyant, je regardai ma queue avec fierté. *Une de plus à mon tableau de chasse*, me dis-je, moi qui, plus jeune, comptabilisais avec soin le nombre de mes conquêtes. Ma mémoire me faisant défaut devant la multitude de corps étrangers que j'avais possédés, j'avais arrêté mon inventaire à quatre cents, quelque temps plus tôt. Un détail me donna le sourire : j'avais, enfin, accroché un prénom en *z* à la liste de mes maîtresses. Ne me manquait désormais que le *y* pour terminer l'alphabet.

Je repensai à la conversation que j'avais eue avec Kurt au sujet du thème du vrai roman que j'avais toujours rêvé d'écrire. Mon vice pouvait être la bonne idée. C'était un sujet qui était peu abordé dans la littérature. Les livres féministes fleurissaient dans les rayons des librairies. Écrire sur les errements et les perversions d'un homme pouvait offrir un autre point de vue, un éclairage sur les méandres du cerveau masculin.

Julia rentra au moment où je terminais de me rhabiller. Dans le salon, elle alluma tout de suite l'écran de sa tablette numérique et se plongea dans une série. Comme tous les soirs ou presque, je me couchai seul à 21 heures, fumai un joint, pris une ligne de coke et me masturbai, en m'imaginant cogner Zoé ou Zora pendant que je la baisais.

CHAPITRE 14

Florence, 16 mars 2013

Une fois Camille couché, je m'étais rendu à l'accueil de l'hôtel. J'avais menti à Marco, le patron, en lui faisant croire à lui aussi que j'étais journaliste et que je menais une enquête sur la prostitution de rue en Italie. Son sourire en coin me laissa penser qu'il n'avait pas cru ce que je lui disais et qu'il était persuadé que je voulais juste me taper une pute. Pour autant, il m'indiqua un lieu où j'avais le plus de chances d'en trouver.

— Le Cascine. C'est un parc en bordure du fleuve. D'après ce qu'on dit, toutes les prostituées sont là-bas, fit-il en m'indiquant l'endroit par une croix qu'il traça sur un plan de la ville et de son agglomération.

Je constatai tout de suite que le parc en question était situé à quelques kilomètres seulement d'Ugnano, là où se trouvait le pont sous lequel la fille avait été retrouvée attachée. À vue de nez, en voiture, il fallait moins de dix minutes pour relier les deux sites, après avoir traversé l'Arno. Je remerciai le patron de l'hôtel qui me gratifia d'un clin d'œil (qui voulait dire *bonne baise !*). Je décidai d'emmener Kurt avec moi. Il rechigna un peu, prétextant qu'il aurait préféré dormir, mais il finit par accepter et me suivit en traînant un peu les pieds jusqu'à la voiture que j'avais garée en double file dans la rue, avec les feux de détresse activés.

— C'est où ton parc à putes ? C'est loin ? demanda-t-il dès que j'eus démarré, en allumant dans le même temps un joint déjà roulé.

— Non, c'est à cinq bornes du centre, répondis-je en appuyant sur le bouton de l'autoradio dans lequel j'avais inséré le CD d'*In Utero* de Nirvana, sorti en 1993, l'année où j'avais fait la rencontre d'Isabelle Dereu.

All apologies sortit des enceintes. Je préférais le morceau original à la version *unplugged* enregistrée la même année lors du live sur MTV.

What else should I be?
(Que devrais-je être d'autre ?)
All apologies
(Toutes mes excuses)
What else should I say?
(Que devrais-je dire d'autre ?)
Everyone is gay
(Tout le monde est gay)
What else should I write?
(Que devrais-je écrire d'autre ?)
I don't have the right
(Je n'ai pas le droit)
What else should I be?
(Que devrais-je être d'autre ?)
All apologies
(Toutes mes excuses)

Avec le temps, Kurt avait appris à apprécier Nirvana. Lorsque je l'avais rencontré, il détestait ce groupe. Il le haïssait même de façon irrationnelle, comme un tas d'autres trucs, à cause de la drogue qu'il consommait encore plus en excès à l'époque. Au point que si Cobain avait été encore vivant, à ce moment-là, il aurait pu le tuer une seconde fois. Tout en fumant son herbe, il se mit à chantonner le refrain et à siffler, ses Converse posées sur le tableau de bord.

— Tu n'as pas chaud, putain, avec toutes ces couches de vêtements ? lui demandai-je, alors que je dégoulinais de transpiration, malgré la climatisation poussée au maximum.

Comme d'habitude, il avait superposé plusieurs tee-shirts au-dessus desquels était enfilée une surchemise à carreaux en tissu épais.

— Je n'ai jamais chaud. Je ne sais pas pourquoi, répondit-il en tirant sur son joint, un sourire de gosse au coin des lèvres.

Le Cascine était un parc implanté sur les berges de l'Arno et constituait un véritable îlot végétal, à quelques encablures du centre-ville. Nous nous garâmes sur un grand parking situé en face d'une université et de l'hippodrome de Florence. Un rapide coup d'œil sur les environs nous permit tout de suite de constater qu'il n'y avait pas l'ombre d'une travailleuse du sexe à l'horizon. Je ne connaissais pas bien la politique italienne en matière de gestion de la prostitution, mais j'imaginais que dans une ville aussi touristique, les flics n'aimaient pas trop que les putes racolent en pleine journée. Nous allions devoir patienter et attendre le crépuscule.

— On va manger quelque chose, proposai-je à Kurt.

— Pas très faim… mais si on picole un peu, ça me va, répondit-il en descendant de la voiture.

Je ne voulais pas trop m'éloigner du parking où je me doutais que les filles tapinaient, une fois la nuit venue. Nous entrâmes donc dans le bar restaurant le plus proche et dont le nom, le *Crazy Horse*, était une référence évidente à l'hippodrome qui le jouxtait et un clin d'œil probable aux activités nocturnes et illicites du secteur. Je demandai à un serveur, un type de petite taille, au crâne rasé, à la carrure impressionnante (il devait pratiquer le culturisme) et tatoué de partout s'il lui restait de la place pour deux. Il m'indiqua une table sur la terrasse, qui avait une vue imprenable sur le parc. À la façon dont il nous regarda, il devait nous prendre pour des homos et ça ne semblait pas trop lui plaire, ce qui amusa Kurt. « Dieu est gay ! » avait-il lancé assez fort pour que l'autre l'entende, en se dandinant pour singer une folle.

Par association d'idées, cela me fit penser, l'espace d'un instant, à la seule erreur commise par le *Mostro*. En effet, le 9 septembre 1983, à Giogoli, il avait assassiné deux touristes allemands de vingt-quatre ans, étudiants à l'université de Münster, Jens-Uwe Rüsch et Horst Wilhelm Meyer, à bord de leur camionnette Volkswagen T1, en les prenant pour un couple hétéro. Ils furent atteints et tués par sept balles de calibre 22, dont quatre tirées à travers la carrosserie de la camionnette. Le tueur s'était ensuite aperçu, déçu, que Rüsch, de corpulence très mince et qui avait de longs cheveux, était un mec et pas une fille. Il n'avait subi aucune mutilation, aucun objet n'avait été volé. À proximité, les enquêteurs avaient trouvé des magazines porno gay en italien qui avaient été piétinés. Cela confirmait une chose : le Monstre agissait au hasard des rencontres, par opportunité, et il ne suivait pas ses victimes pendant des jours avant de les tuer, comme certains avaient pu le dire.

Une fois installés, nous commandâmes deux Negroni et le plat du jour, le *bistecca alla fiorentina*, une sorte de côte à l'os prédécoupée et présentée à l'horizontale. Nous mangeâmes très vite. La chaleur était étouffante. J'étais en nage, déshydraté. J'enchaînais clope sur clope. J'appelai le garçon :

— On va prendre une bouteille de whisky et une grande bouteille de Coca frais, fis-je.

Il me regarda comme si je venais de lui demander quelque chose d'incroyable. En anglais, il m'expliqua qu'on ne servait pas de bouteille dans cet établissement, que les consommations se payaient un verre après l'autre. Il me prenait de haut et je détestais ça. Je haussai le ton :

— Je vais te la payer, ta bouteille ! C'est incroyable, ça !

Devant mon insistance, il alla prendre conseil auprès d'un mec d'une soixantaine d'années aux allures de turfiste qui était planté derrière le comptoir et devait être le patron. Ils discutèrent une petite minute et le serveur revint avec les deux bouteilles, en tirant la gueule.

— C'était pas compliqué, quand même ! lui crachai-je, méprisant, alors qu'il les posait sur la table.

Puis je nous servis un whisky-Coca très dosé que nous bûmes d'une traite. Les cigarettes et les verres s'enchaînèrent, nous mettant dans un état d'euphorie. De bonne humeur, nous nous moquions du serveur sans trop nous cacher.

— J'ai du matos, balança Kurt entre deux fous rires.

— Quoi, tu veux qu'on se pique sur la terrasse d'un restau ? Tu débloques, mec ! répondis-je en riant.

— T'es con ! On fait ça aux chiottes. On y va chacun notre tour, poursuivit-il, ayant repris son sérieux.

J'aimais ces moments de défonce festifs avec lui. Deux shoots et une bouteille de whisky plus tard, nous étions allongés dans le parc du Cascine, à moitié conscients, avant de sombrer.

Ce sont les cris de deux gosses en bas âge qui nous réveillèrent. La luminosité avait baissé de façon considérable, les familles et les promeneurs commençaient à quitter les lieux. Je consultai ma montre. Il était 19 heures et nous avions dormi une bonne partie de l'après-midi. La chaleur était tombée pour laisser place à une douceur agréable comme elle n'existe qu'au printemps. Moins d'une demi-heure plus tard, l'obscurité s'installa de façon progressive, et dans le même temps, des camionnettes, blanches pour la plupart, commencèrent à se garer sur le grand parking.

— Les voilà, nos putes ! dis-je à Kurt en me relevant.

Les effets de l'héro s'étaient estompés, et comme nous n'avions pris que deux doses (ce qui était peu, pour nous), nous étions presque lucides. Des camionnettes descendirent une trentaine de filles très vulgaires, ultramaquillées, vêtues de minishorts ou de jupes ultracourtes, les seins souvent siliconés, à moitié à l'extérieur de leurs hauts moulants en Lycra. Il y avait beaucoup de Blacks, très jeunes (je pense même qu'il y avait des mineures, dans le lot) et quelques blanches typées « Europe de l'Est ». Certaines restèrent à proximité des véhicules et d'autres se déployèrent le long du boulevard, prenant grand soin à choisir leurs emplacements, comme si les places étaient numérotées. Kurt se redressa un peu. Il avait mal au bide. Ça lui arrivait souvent sans prévenir. Une douleur vive, comme une balle de fusil. Il toussa et gerba de la bile.

— Ça va ? fis-je.

— Comme d'hab. Pas grave, se contenta-t-il de répondre, se laissant retomber sur la pelouse, le visage déformé par un rictus de douleur.

Nous observions le manège de loin. Vers 20 heures, des types passèrent à bord de grosses berlines allemandes aux vitres teintées. Des souteneurs, à l'évidence, qui vérifiaient la bonne installation de leurs gagneuses. Et le ballet des clients commença.

CHAPITRE 15

Paris, 14 août 2012

En rentrant du boulot, sur un trottoir, devant chez moi, mon regard se figea sur un bobo trentenaire qui se déplaçait sur une trottinette électrique, des écouteurs dans les oreilles. Le jeune homme arborait une petite moustache soignée et un tee-shirt sur lequel était inscrit « Sauvons la planète ! ». Cela me fit rire. D'un rire jaune.

Comment peut-on sauver la planète en se déplaçant sur un engin qui fonctionne grâce à des batteries au lithium, un minéral dont l'extraction est parmi les plus énergivores ? Un engin qui plus est fabriqué en Chine et importé par avion ! J'ai lu quelque part qu'une trottinette émet presque trois fois plus de CO2 par passager qu'un bus. Si on ajoute à cela ses écouteurs de luxe eux aussi fabriqués au pays du Soleil-Levant, il a bel air, le bobo, avec son tee-shirt à la con confectionné en Inde. Les humains ne sont plus dotés de bon sens. Les mêmes abrutis qui manifestent contre le réchauffement climatique ne veulent surtout pas remettre en question les échanges internationaux, pour ne pas passer pour des fachos. Les mêmes bien-pensants s'offusquent quand les nationalistes proposent de taxer les produits étrangers et prônent le retour à l'autarcie nationale en matière d'agriculture et d'industrie. Ils ne s'aperçoivent même pas du paradoxe de leurs positions.

En quelques décennies seulement, le progrès technologique a vaincu toute forme d'intelligence. Ce « progrès » nous amène vers un mur où personne ne veut aller, mais personne n'est prêt à renoncer à ce « progrès ». Est-ce cela la quadrature du cercle ? Qui pour ne plus prendre l'avion pour partir en vacances ? Qui pour jeter téléphone, PC et tablette à la poubelle ? Qui pour cultiver ses propres légumes, acheter local à deux fois le prix et aller bosser à vélo à la force des mollets ? Qui ? Quoi, ça ne se bouscule pas pour répondre ? C'est pourtant la seule vraie réponse au problème ! On devait tout changer. On devait mettre à terre la mondialisation. On s'était promis de revoir le système. Mais rien n'a changé ! Et rien ne changera ! Dans ces conditions, il n'y a plus rien à faire. La planète est foutue. Alors, à quoi bon emmerder le monde avec des slogans, des demi-mesures, des manifestations à trottinette électrique ! Tout cela revient à pisser dans un violon. Tout cela n'est que business, politique, alibis et autoflagellation. Bordel, autant nous laisser rouler dans nos 4 x 4 diesel ! Cela ne changera rien à la fin de l'histoire, mais nous la terminerons au moins avec le sourire aux lèvres ! Acceptons d'être égoïstes ! Nous le sommes, il n'y a pas de quoi avoir honte. Vous voulez sauver les générations futures ? Ne faites plus de gosses ! Quoi ? J'ai tort ? Démontrez-le-moi ! pensai-je en me garant.

En entrant dans l'appartement, je trouvai Julia en train de remplir des papiers pour la clinique. Depuis plusieurs années, elle voulait un enfant. Les gosses, ce n'était pas mon truc, mais pour être tranquille, j'avais donné mon accord. Elle avait arrêté la pilule, nous avions essayé mais ça n'avait pas fonctionné. Alors les laboratoires s'en étaient mêlés. La procréation médicalement assistée était entrée dans ma vie, devenant l'obsession de Julia qui y voyait la promesse de devenir mère. Une fois par mois environ, je devais, ainsi, aller me branler et éjaculer dans un flacon transparent, surmonté d'un bouchon rouge et flanqué d'une étiquette portant mon nom. Si ces premiers « prélèvements » m'avaient amusé, cet exercice de branlette imposée, dans des salles d'analyse sinistres, entre une revue porno aux pages collées et un rouleau d'essuie-tout, s'était très vite transformé en calvaire. J'y voyais tout mon être réduit aux quelques gouttes de sperme qui coulaient, insignifiantes, sur les parois en plastique de ce réceptacle à la con. Je redoutais surtout que cela finisse par fonctionner, car avec le temps, les bribes de sentiments que j'avais pour ma femme s'étaient altérées jusqu'à s'éteindre. Elle me dégoûtait, maintenant. Mais comme j'avais la flemme de divorcer encore une fois, je me retrouvais pris au piège, dans une situation inextricable où je m'étais mis moi-même.

Je ne sais pas trop pourquoi, mais c'était à cela que je pensais, en fumant un joint sur le balcon, un verre de whisky à la main. Peut-être parce qu'une nouvelle tentative d'insémination était prévue quelques jours plus tard et qu'elle avait, d'après le spécialiste, de très bonnes chances d'aboutir.

Dehors, une ambiance étrange régnait. La chaleur moite de ce soir d'août était oppressante. Elle brûlait les poumons. L'air était irrespirable. Une lune rousse anormalement grosse se dessinait dans le ciel duquel le soleil n'allait pas tarder à disparaître. Bien qu'aucun orage ne fût prévu, l'atmosphère était électrique. Inquiétante. Même les corneilles qui, en temps normal, chantaient la sérénade dans les platanes de la rue semblaient se cacher.

Soudain Julia ouvrit la baie vitrée et s'en prit à moi, de façon violente, considérant, à juste titre, que je ne la soutenais pas dans le cadre du protocole médical dans lequel nous étions engagés, depuis des mois. Ses mots furent durs, tranchants. Les reproches volèrent. Puis elle me posa deux questions très claires : « Est-ce que tu veux toujours un enfant ? » et « Est-ce que tu m'aimes toujours ? » Je répondis non, par deux fois, sans rien ressentir. Ni remords ni tristesse. Juste un regret : ne pas l'avoir tabassée avant qu'elle parte.

Elle claqua la porte. Je sniffai une ligne de coke et j'éprouvai, dans la seconde même, un grand vent de liberté. Je venais de me débarrasser de ma bride.

CHAPITRE 16

Florence, 16 mars 2013

— On fait comment ? demanda Kurt qui était toujours allongé sur l'herbe, en boule, avec ses douleurs au bide.

— Elles sont plus nombreuses que je pensais. Ça va être compliqué de toutes les interroger, surtout avec leurs macs qui rôdent, répondis-je en réfléchissant à une stratégie.

Qu'est-ce qui intéressait une prostituée ? L'argent. J'avais une belle somme en liquide sur moi, mais je ne pouvais pas accoster les filles et leur demander des infos une par une. Elles auraient eu vite fait d'alerter leurs employeurs, et n'étant pas flic, cela me faisait prendre un gros risque de me faire défoncer la gueule. Non, pour que l'une d'elles parle, il fallait que je me fasse passer pour un client, la ramasser en voiture, la mettre en confiance, la payer et la faire se mettre à table. Fallait-il encore bien la choisir. Je les détaillai, à distance. La victime était blanche et avait quarante-six ans. Or ce type de réseau de proxénètes fonctionnait par filières. Il était limpide qu'ici cohabitaient une filière africaine et une autre slave. C'est dans cette dernière que je devais faire mon choix. Je comptais cinq Européennes. Trois d'entre elles n'avaient pas vingt ans. Les deux restantes étaient plus vieilles.

L'une des deux était beaucoup moins aguicheuse que sa collègue. Même de là où je me trouvais, elle donnait l'impression d'être triste et inerte. Cela pouvait correspondre à sa façon d'être, mais aussi signifier qu'elle connaissait la tapineuse agressée et que son moral en était affecté. Mon choix se porta sur elle.

— Je vais en emmener une en bagnole. Toi, tu restes ici. Rapproche-toi des putes, laisse traîner une oreille, observe ce qui se passe. Avec ton look de junkie, tu te fonds bien dans le décor, et avec un peu de chance, notre type passera. Si tu vois une Golf ou une Bravo blanche avec un gros autocollant du club de foot de Cagliari, note le numéro de plaque, tranchai-je en m'apprêtant à prendre la direction de la voiture.

— Tu vas la baiser, la pute ? questionna Kurt, amusé, en se redressant et en tirant ses longs cheveux blonds vers l'arrière.

— Je ne sais pas. Tu as bien compris ce que tu dois faire ? Je te récupère ici dans une heure et demie maxi.

Kurt acquiesça d'un signe de tête, se releva, et nous nous séparâmes.

Elle disait s'appeler Karolina, un nom d'emprunt comme en prennent toutes les michetonneuses. C'était une blonde décolorée, le nez refait, la bouche et les seins siliconés. Elle n'était plus de la première jeunesse, puait de la gueule d'avoir trop sucé, mais avait l'avantage de parler un anglais parfait alors qu'elle était roumaine. La pipe était à 40 euros et la baise à 80. On était loin des prix d'une escort de luxe. C'était du bas de gamme. Elle voulut m'indiquer un endroit discret un peu plus loin, mais j'avais autre chose en tête.

— Écoute, je te file 200 et on va dans un endroit tranquille que je connais, lui proposai-je en lui tendant deux billets de 100.

Elle hésita. J'eus même l'impression qu'elle avait peur, ce qui me conforta dans l'idée qu'elle connaissait la victime du Monstre.

— Attends, gare-toi deux minutes. Je demande si je peux partir plus longtemps, finit-elle par répondre.

Elle appela alors un type dont je pouvais entendre la voix grave sortir de son portable. Ils discutèrent trente secondes, en roumain, j'imagine. Elle raccrocha.

— Si tu me redéposes dans une heure, c'est bon, fit-elle en rangeant son téléphone dans son sac.

Je me remis en route et empruntai le pont traversant l'Arno, prenant la direction d'Ugnano. Le silence s'installa dans l'habitacle. Il ne servait à rien de lui poser des questions à ce moment-là. Je devais faire preuve de patience, je le savais. Tout en conduisant, je me mis à la place du tueur. Comme moi, il avait ramassé une pute au même endroit. Comme moi, il avait suivi le même itinéraire, entre le parc du Cascine et le pont de l'autoroute où il l'avait torturée. J'imaginai son état d'esprit dans la voiture, sa jubilation d'amener sa proie à l'abattoir. Il devait la regarder du coin de l'œil avec vice, sachant déjà avec précision ce qu'il allait lui faire subir. Les gifles, les coups, les viols avec les godes, le scalpel. Pour une raison que j'ignore, cela m'excita beaucoup et je me mis à bander. Tout en passant mes vitesses, je pris la main de la fille et la posai sur ma queue. Elle commença à me masser à travers mon jean de façon froide et mécanique, regardant droit devant elle, sans aucune émotion. Elle puait vraiment de la gueule. J'ouvris ma fenêtre pour aérer. Il nous fallut un peu plus de dix minutes pour atteindre la via del Cimiterio à Ugnano. En passant devant la maison de la femme en noir, j'éteignis mes phares, exactement comme avait dû le faire le Monstre. Je me garai au fond du cul-de-sac et coupai le contact. De ma poche, je sortis un autre billet de 100.

— Écoute, je suis journaliste et je cherche des infos sur l'agression de Sara. Tu aurais des choses à me dire ? fis-je en agitant le billet devant elle.

Elle se ferma un instant, inquiète et surprise. Je regardai ses gros seins synthétiques prêts à sortir de son crop top rose trop petit. Elle était pathétique. Je sortis un billet de 50 que je joignis à celui de 100. Elle attrapa le fric et le fourra dans son sac.

— Il y a un type, commença-t-elle en anglais avant de s'interrompre.

— Quoi, un type ? demandai-je en la fixant et en la pressant un peu pour lui signifier que j'en voulais pour mon argent.

— Quelques heures avant l'agression, un gars est passé plusieurs fois en voiture. Il m'a accostée, il a accosté Monica, et Sara aussi. Il voulait nous proposer un truc sadomaso pour une grosse somme. Il donnait 800 euros. J'ai refusé, Monica a dit non, mais Sara m'a dit qu'elle allait y aller. Elle a deux gosses à nourrir. C'était une grosse somme, poursuivit-elle.

J'avais raison, putain ! J'avais raison..., me dis-je.

— Il était comment ce mec ? la questionnai-je.

— Un vieux. Je dirais entre soixante et soixante-quinze ans, tout petit, bien portant, assez carré. Il avait une grosse tête avec une mâchoire très large. Des yeux clairs. Il était chauve, enfin... dégarni, avec des cheveux courts sur les côtés. Bien habillé, précisa-t-elle.

— Et sa voiture ? Qu'est-ce qu'il avait comme voiture ?

— Une Golf, fit-elle.

— De quelle couleur ?

— Blanche avec un gros autocollant à l'arrière.

Je jubilai. C'était notre homme, je n'avais aucun doute. Je pris mon téléphone portable et lui montrai une photo du logo du club de foot de Cagliari.

— C'était ça, l'autocollant ?

— Oui, je crois. Oui, ça ressemble, confirma-t-elle en scrutant l'image.

— Tu avais déjà vu ce type ?

— Lui non, mais sa voiture, oui. Ça faisait plusieurs jours qu'il passait devant nous en ralentissant, sans s'arrêter. Avec l'expérience, on repère vite les voitures. Il y en a qui passent leur temps à nous regarder, comme ça, sans jamais prendre une fille. Alors j'en suis sûre, cette Golf blanche, je l'avais déjà vue…

Elle s'interrompit et soudain, se mit à pleurer. Elle sortit un mouchoir, sécha ses larmes et se moucha avant de reprendre la parole :

— Sara c'est mon amie. On se connaît depuis quinze ans. J'aurais dû faire quelque chose. J'aurais dû lui dire de ne pas y aller. Le client lui a donné rendez-vous vers minuit, à l'écart. Ça ne sentait pas bon. Normalement, on doit prévenir nos patrons quand on fait des prestations spéciales.

— C'est ce que tu as fait avec moi tout à l'heure quand tu as passé le coup de fil ? dis-je en la regardant se moucher de nouveau.

— Oui, c'est obligatoire. C'est pour notre sécurité. J'aurais dû la dissuader…

— Tu peux me dire quoi d'autre sur cet homme ?

Elle réfléchit un moment. À son air, je sus qu'elle ne me mentirait pas. Elle avait envie que le coupable soit identifié autant que moi.

— Non, je ne vois pas, regretta-t-elle.

— Tu as dit tout ça aux flics ?

— Non, ils ne sont même pas venus nous interroger. Et je ne peux pas aller au poste. Je suis une pute. Les putes ne vont pas voir les flics, affirma-t-elle, à raison.

Elle ne m'apprendrait plus rien et j'aurais dû la ramener, mais je ne le fis pas. Je regardai le poteau où sa collègue avait été attachée et torturée, puis mes yeux se tournèrent vers elle. Je déboutonnai mon jean et sortis ma queue. Je ne bandais pas.

— Suce ! ordonnai-je d'un ton sec.

Par habitude, elle fit sortir ses seins de son haut et se pencha vers mon sexe. Elle le branla un instant avant de le prendre en bouche. C'était une pipe machinale comme elle avait dû en pratiquer des millions. J'appuyai sur sa nuque et me passai en tête les images du supplice de son amie. L'érection arriva.

— Pompe, sale pute ! l'insultai-je, ce qui augmenta mon excitation.

Je la forçai à me prendre au fond de sa gorge en lui pinçant le nez. Elle s'étrangla, toussa, bava sur ma bite.

— C'est ici que ta copine s'est fait violer, salope ! fis-je en français pour qu'elle ne puisse pas comprendre, avant d'ajouter : *Suck, slut!*

Quelques minutes plus tard, j'éjaculai dans sa bouche. Un orgasme puissant pendant lequel je m'imaginai la massacrer comme le Monstre l'avait fait avec Sara. Elle avala, s'essuya les lèvres et me tendit une lingette pour que je nettoie ma queue. Ensuite, elle se mit sur son téléphone. Puis nous nous remîmes en route en silence vers le parc du Cascine où je devais récupérer Kurt.

CHAPITRE 17

Paris, 15 août 2012

Je passai ma première journée d'homme libre dans la chambre d'un hôtel miteux, en compagnie de quelques blattes et de moustiques voraces. Malgré cela, cette journée commença fort bien. Je ne m'étais pas senti aussi vivant depuis très longtemps, enfermé que j'étais dans une vie confortable et convenue où tout semblait écrit d'avance jusqu'à l'inévitable hallali. J'avais fait ce que peu de monde avait la capacité de faire. J'avais tout plaqué, tout remis en cause dans un grand chambardement qui ouvrait la porte à tous les possibles. Plonger dans l'inconnu m'avait toujours excité, la liberté me transcendait. J'aimais le « hors-piste » et son lot d'adrénaline. Me regardant dans le miroir fendu de la minuscule salle de bains, je me congratulai :

— Tu l'as fait, mec ! Tu as encore eu les couilles de le faire !

C'était un dimanche, et bien que j'eusse toujours détesté la torpeur des dimanches que je considérais comme une petite mort de l'âme, je me sentais heureux et libéré d'un poids. J'étais grisé par ce sentiment d'avoir brisé mes chaînes. Toutefois l'euphorie fut de courte durée. Au fur et à mesure que la journée avançait, je pris conscience de ma solitude et de ma situation. La télévision ne fonctionnait pas, internet non plus, et il n'y avait personne à l'accueil de l'hôtel. Bien sûr, je ne regrettais pas mon acte. C'était d'ailleurs là l'une de mes principales qualités, quand je prenais une décision, bonne ou mauvaise, je m'y tenais. Oui, mais je me sentais seul. Mes connaissances ne s'étaient pas manifestées, malgré mes messages et, fait très rare pour moi, j'avais besoin de parler. De vider mon sac. J'appelai donc quelques « amis » et des membres de ma famille, dans l'espoir de me sentir soutenu. Mais cet espoir fut déçu, à chaque coup de téléphone, car Julia était déjà passée par là avant moi, et tout le monde avait pris son parti, me rangeant au rayon des sales types. Des salauds. Je le savais, pourtant, je l'avais déjà vécu : celui qui part a toujours tort. « Tu peux compter sur nous, nous on n'a pas envie de choisir, on vous apprécie tous les deux » : foutaise, bande d'enculés ! « Si tu as besoin de quoi que ce soit, dis-le-nous » : pure connerie ! Les gens n'aiment pas les séparations, car elles font écho à leurs propres angoisses. Même lorsqu'ils ne sont pas concernés au premier chef, elles perturbent leurs habitudes et leurs certitudes de petits-bourgeois. Alors celui qui les provoque est vu comme un empêcheur de tourner en rond, un briseur d'harmonie ou, parfois, comme un type qui ose faire ce dont certains rêvent, avec beaucoup de jalousie réprimée. Ce fut ce qui se passa. Dans les mots de tous mes interlocuteurs, je sentis poindre le reproche et le jugement. Quoi qu'on en dise, l'homme choisit toujours le côté du plus faible et de l'opprimé.

Après quinze jours passés dans mon hôtel miteux, je me sentais de plus en plus isolé, en proie à une rage sourde et incontrôlable. Ma famille, mes connaissances et même mes amis de longue date m'avaient tourné le dos. À tous, j'avais envoyé le même SMS, avant de bloquer leur numéro :

[Allez vous faire foutre, je suis mort !]

Le lendemain, je me fis virer du boulot sous prétexte que j'arrivais défoncé au bureau tous les matins. Je négociai quand même au passage une très belle prime de licenciement, qui me permettait de voir venir pendant plusieurs mois.

Kurt, que je n'avais pas vu depuis que j'avais quitté Julia, vint me rendre visite un soir à l'hôtel. Nous passâmes toute la nuit à nous défoncer. Avec Camille, il était désormais le seul mec que j'allais continuer à fréquenter.

CHAPITRE 18

Florence, 16 mars 2013

De retour sur le boulevard qui bordait le parc de Cascine, je m'arrêtai pour laisser descendre Karolina. Elle ne me salua pas et claqua la portière. Je cherchai Kurt du regard mais ne le trouvai pas. Je décidai d'aller à sa rencontre à pied. Je défis ma ceinture de sécurité et m'apprêtai à couper le contact. Une BMW Série 5 noire aux vitres teintées déboula alors à toute vitesse derrière moi et pila net à mon niveau, se garant en travers pour m'empêcher de repartir. Quatre types aux crânes rasés en descendirent, armés de barres de fer. Je n'eus pas le temps d'enclencher la marche arrière. L'un d'eux me sortit de force de ma voiture, me projetant par terre. Deux autres m'attrapèrent par les bras et me tirèrent dans le parc, à l'arrière d'un bouquet d'arbres. Je me débattis sans succès.

— Alors comme ça on est journaliste et on emmerde nos filles, fils de pute ? fit l'un des quatre en anglais avec un fort accent russe, à ce qu'il me sembla.

Il était un peu plus âgé que les autres. Trente-cinq, quarante ans, je dirais. Il devait être le chef de la bande, un des lieutenants de ce réseau de proxos. Sur son front était tatoué ce qui ressemblait à une pieuvre dont l'un des tentacules descendait dans son cou et se perdait sous un tee-shirt noir. À chaque doigt, il portait une ou plusieurs bagues argentées que la lumière projetée par un lampadaire implanté dans le parc faisait scintiller. Ses yeux étaient d'un bleu perçant et le gauche se trouvait lacéré de part et d'autre par une large cicatrice dont je me doutai qu'elle avait été causée par un coup de couteau. Je devinai que la pute leur avait envoyé un message pour se plaindre de la pipe forcée que je lui avais imposée. Peut-être qu'elle avait quelques bases en français et qu'elle avait aussi compris que je l'avais amenée sur le lieu où sa collègue avait été torturée. Par conséquent, il n'était pas impossible qu'elle ait cru que j'étais un complice du tueur. J'aurais dû avoir peur mais ce n'était pas le cas.

— Je vous emmerde ! gueulai-je, tandis que je me relevais.

Le type à la pieuvre, en hurlant une phrase en russe, me donna alors un grand coup avec sa barre de fer qui s'écrasa sur mon visage. Je tombai au sol et les autres commencèrent à me rouer de coups de pied. Dans le ventre, sur les flancs, dans la tête, dans les couilles. Je sentis très vite le goût métallique du sang envahir ma bouche et ma gorge. Ils s'acharnèrent une bonne minute. Une très longue minute. Le chef donna un nouvel ordre court et ils s'arrêtèrent de frapper.

— Tu as ton compte, bâtard ! Si on te revoit traîner par ici, on te bute ! Compris ? me menaça-t-il.

Allongé par terre, le visage collé au sol, la vision troublée par un rideau de sang, je les vis commencer à s'éloigner. Avec beaucoup de difficulté, je pris appui sur mes mains et me retrouvai à quatre pattes. Au prix d'un nouvel effort, je me levai.

— Quoi, c'est tout, bande d'enculés ? les hélai-je, debout, le corps vacillant, avant de cracher une dent qu'ils m'avaient cassée.

Ils se retournèrent et le chef lui-même se jeta sur moi en me propulsant à nouveau au sol. Il commença alors à me frapper au visage.

Une déferlante de coups de poing. À chaque impact, je pouvais sentir ses bagues pénétrer dans ma chair, mais je n'avais pas vraiment mal. J'étais comme anesthésié, en transe, avec une envie folle qu'il me tue, qu'il m'éclate le crâne. Je me souviens même lui avoir souri et avoir hurlé « cogne plus fort, connard ! » Je perdis ensuite connaissance.

Mon souvenir suivant fut le visage angélique de Kurt penché sur moi.

— Tom, putain ! Tom ! criait-il en me secouant.

J'essayai de parler, mais le sang dans ma gorge m'en empêcha. Je penchai la tête sur le côté et ouvris la bouche pour l'évacuer.

— Ils... sont... partis ? parvins-je à dire en crachant des bouts de dents.

— Oui, quand ils m'ont vu arriver. Le type m'a dit que tu étais fou. Que tu voulais mourir, répondit-il.

— Je...voulais... mourir, confirmai-je.

— Putain, Tom, on en a déjà parlé. J'en ai vu des mecs qui se suicident, merde ! C'est pas la solution ! fit-il en me tirant vers lui pour m'aider à m'asseoir.

— Faut que t'ailles à l'hosto, mec ! décréta-t-il en voyant mon visage tuméfié de façon plus claire, dans la lumière du lampadaire.

Je fis un rapide état des lieux. Je devais avoir une côte fêlée ou peut-être cassée (cela m'était déjà arrivé plusieurs fois), le nez fracturé, quelques dents en moins. Mais rien de vital, à ce qu'il me sembla. Je pouvais bouger les jambes et les bras. Je n'avais pas de sang dans les oreilles. Je parvenais à parler.

— Pas maintenant. Ils appelleraient les flics, et pas envie de devoir m'expliquer. J'irai demain. Par contre, tu as un shoot sur toi ? balbutiai-je en prenant ma tête entre mes mains.

— Quoi, là ? Tu veux de l'héro ? s'étonna-t-il.

— Tu connais un meilleur antidouleur ? l'interrogeai-je en réprimant un rire à cause de ma côte douloureuse.

Il haussa les épaules et sortit une petite seringue de la poche de sa surchemise. Ce mec était une pharmacie ambulante. Il me piqua lui-même, et quelques minutes plus tard, je sentis la douleur s'apaiser. Je ne sais plus du tout ce qu'il s'est passé ensuite. Ai-je conduit jusqu'à l'hôtel, malgré mon état ? Kurt m'a-t-il ramené ? Je n'en ai aucune idée et je dois dire que je m'en fous. Ce dont je suis certain, c'est que je me réveillai le lendemain matin dans sa chambre avec un mal de crâne carabiné tandis que, assis sur une chaise, dans un coin de la chambre, il jouait, à la guitare sèche, en sourdine, un morceau dont le nom m'échappe, de l'album *Raw power* d'Iggy and the Stooges.

Je mis beaucoup de temps à sortir du lit. Lorsque j'y parvins, je me rendis dans la salle de bains pour me regarder dans le miroir. Ma tête était totalement déformée par les coups que j'avais reçus. Ma lèvre était fendue, mon arcade gauche, ouverte. Mon nez était bien cassé et toute la partie droite de ma mâchoire était gonflée. Je pissai. Mon urine était trouble, presque noire.

— T'as vraiment une sale gueule, fit Kurt, sans cesser de jouer.

— Ouais, faut que je passe à l'hosto, me résignai-je.

J'avais mal partout, mais je parvenais quand même à me déplacer. Sans un mot, je récupérai mes clés de voiture sur la table de nuit et je sortis de la chambre pour rejoindre celle que je partageais avec Camille. Je traversai le couloir sans croiser personne, ce qui m'arrangeait. La porte n'était pas verrouillée. Je l'ouvris. Je trouvai Camille en bien meilleure forme que la veille.

— Putain, qu'est-ce qu'il t'est arrivé ? fit-il en ouvrant grand les yeux de stupeur.

— Bagarre, résumai-je.

— T'es défiguré !

— Je sais. Je file à l'hôpital.

— Je vais t'amener, proposa-t-il en refermant la fenêtre.

— Non, c'est bon. Il faut qu'on avance sur l'enquête et j'ai du nouveau, annonçai-je.

— Les putes ont parlé ? m'interrogea-t-il, attentif.

— Une pute a parlé. Le type à la bagnole blanche et l'autocollant de Cagliari est bien notre homme. C'est lui qui a donné rendez-vous à la fille qui s'est fait massacrer. La caisse est une Golf, elle a été formelle. Le mec a entre soixante et soixante-quinze ans. Il est petit. Plutôt gros. Large d'épaules. Il a une tête imposante. Une mâchoire très carrée. Des yeux clairs, bleus ou verts. Il est dégarni, chauve, sauf au niveau des tempes. Il se sape plutôt bien. Tu as toujours les coordonnées de la journaliste qui suit l'affaire pour *La Nazione* ? l'interrogeai-je, tout en récupérant mes papiers dans mon sac pour les présenter aux toubibs.

— Francesca Lombardi ? Oui, je les ai, répondit-il.

— Alors, contacte-la. Dis-lui qu'on a des infos et qu'on souhaite la rencontrer. Elle connaît le dossier et les protagonistes par cœur. Sur la base de la description donnée par la pute, elle pourra nous dire si notre type a déjà été entendu dans le cadre de l'enquête. Ne parle pas de la bagnole, pour le moment. Il faut garder des biscuits, car elle va vouloir négocier, expliquai-je en essayant de changer de chemise sans y parvenir à cause de la douleur.

— On ne prévient pas les flics ?

— Surtout pas ! Je veux qu'on retrouve le mec nous-mêmes. On les préviendra quand on aura une certitude, tranchai-je, m'apprêtant à partir sans avoir réussi à me changer.

— Tu es sûr que tu ne veux pas que je t'amène ?

— Non, tu vas perdre ton temps. Contacte la gonzesse du journal et essaie d'obtenir des infos ! conclus-je en quittant la chambre.

CHAPITRE 19

Ici, maintenant

J'ai envie de m'arrêter là. Stop !

Pourquoi je vous en dirais plus ?

Pourquoi je t'en dirais plus, à toi qui es en train de lire ?

Toi justement, que tu sois lecteur ou professionnel du livre, tu ferais mieux de regarder *Fight Club* et d'écouter *Where is my mind* des Pixies plutôt que de t'intéresser à mes conneries. Un conseil : fais-le !

Tu te rendras service.

Oooooh
(Oooooh)
Stop
(Stop)
With your feet in the air and your head on the ground
(Avec tes pieds en l'air et ta tête sur le sol)
Try this trick and spin it, yeah
(Essaie ce tour et fais-le tourner, ouais)
Your head will collapse
(Ta tête s'effondrera)

But there's nothing in it
(Mais il n'y a rien dedans)
And you'll ask yourself
(Et tu te demanderas)
Where is my mind?
(Où ai-je la tête ?)

Parce qu'ici, dans ces lignes, c'est quoi le but ? Moi-même je ne le comprends pas.

Ce n'est pas une confession.

Ce n'est pas une histoire.

Je ne sais même pas ce que c'est.

C'est de la merde !

Et ça me fait mal d'écrire, putain ! Ça m'épuise ! Chaque mot m'arrache une douleur incroyable.

Je sens que ça ne servira à rien. Les flics et ces enfoirés de journalistes sont déjà passés par là, de toute façon. Je peux vous raconter ce que je veux. Le mal est fait.

Les journalistes, je les hais ! Ils ne font plus leur boulot. Ils sont bouffés par le wokisme. Ils ne relatent plus des faits vérifiés sans jugement. C'est ça leur job, pourtant, merde ! Non, au lieu de ça, ils essaient d'imprimer dans vos têtes leur mode de pensée. Toutes les infos sont traitées avec leur point de vue. Ces connards font honte à la presse. Ce sont des politiques à peine déguisés. Ils attisent les haines, ces abrutis !

Je vous emmerde, les journalistes !

Un jour, lors d'une de nos discussions, Kurt avait très bien résumé ce que je pense de vous. Je me souviens de ses mots :

Le journaliste est un juge autoproclamé de seconde zone qui n'a pas réussi à devenir thérapeute, c'est un parasite répugnant, difforme, nain, détraqué de l'intérieur et fondamentalement incapable de maintenir une relation stable (sauf avec ses semblables), un authentique masochiste qui se délecterait du glamour de clichés de lui-même à poil, les mains menottées dans le dos, à genoux avec une couche de bébé et un vibromasseur fourré dans la bouche, et que ces clichés figurent en couverture de tous les magazines, m'avait-il dit.

Ce sont ces types-là qui vous ont donné mon pedigree et c'est eux que vous allez croire.

Si je me foutais en l'air, là maintenant, ça changerait quoi ? À part à Kurt et Camille, je manquerais à qui ?

On dit qu'écrire est une thérapie : connerie !

Écrire, c'est une souffrance qu'on s'inflige.

J'ai mal. T'entends ? J'ai mal !

Peut-être que je mérite de souffrir.

Peut-être...

Quoi, tu veux la suite ?

Tu veux comprendre que je suis un mec comme les autres, à la base ?

Que je suis juste un mec ?

Que je pourrais être ton collègue, ton frère, ton voisin ou ton mari ?

Que des types comme moi, tu en as, c'est sûr, croisé des dizaines dans la rue depuis ce matin ?

Tu veux en savoir plus sur cette conne d'Isabelle Dereu ?

Tu veux vraiment la suite ?

OK, je vais te la donner.

Mais écoute *Where is my mind* quand même, avant de poursuivre ta lecture...

À l'heure où vous lisez ces lignes, on vous a, c'est certain, raconté les pires conneries sur moi.

On m'a, j'en suis sûr, inventé des peines de prison que je n'ai jamais faites, des gosses que je n'ai jamais eus. On vous a pondu toute une biographie bidon que vous ne devez pas croire. On a dû vous expliquer que j'avais eu une enfance difficile, que j'avais été adopté, que j'avais torturé des chats et des chiens, que j'avais mis le feu à des bâtiments et peut-être même que j'avais pissé très longtemps au lit. On vous a dressé le parfait profil de ce qu'on appelle la triade Macdonald ou triade de la sociopathie, cette règle à la con qui voudrait que quand un individu réunit les trois caractéristiques comportementales que sont la cruauté envers les animaux, la pyromanie et les énurésies nocturnes après l'âge de cinq ans, il a de fortes chances de devenir un tueur en série. Ce n'est pas mon cas. Tout d'abord, mes parents étaient tout ce qu'il y a de plus normal. Ils ont divorcé, certes, mais je n'ai pas été traumatisé. De ma naissance à l'âge adulte, ma vie ressemblait à celle de 90 pour cent des gosses. Je ne me suis pas drogué, pendant cette période, je ne buvais pas d'alcool. J'étais très bon à l'école. Ensuite, je n'ai jamais fait de mal à un animal. Au contraire. Gamin, j'avais même de la peine quand j'écrasais une mouche. J'ai eu des oiseaux, des poules, un aquarium. J'adore les clebs. Ils m'apaisent. Et enfin, je n'ai jamais joué avec le feu. La seule chose que j'ai fait cramer, ce sont des bûches dans la cheminée de ma grand-mère. C'est important à préciser. Je vous dis cela parce qu'on a toujours tendance à faire passer les types comme moi pour des cinglés dépassés par leurs failles narcissiques. Ce n'est pas le cas. Le germe de la violence, je le portais en moi dès mon premier cri, et il n'a fait que croître avec le temps, en se nourrissant de mon histoire. Je ne suis pas fou. Ne m'offrez pas cette excuse.

La violence, je l'ai d'abord tournée contre ma propre personne, après une rupture. Attention, ce n'est pas la fin de cette relation qui a fait naître en moi la rage que je porte, non, cela n'a fait que la libérer. Mes amours et mes passions ont juste ralenti un processus irréversible et calmé la haine de façon temporaire. À partir de cette séparation, j'ai commencé à boire, à boire beaucoup et à prendre des drogues. C'est à ce moment-là que sont apparues mes tendances suicidaires et si mon chemin n'avait pas croisé celui de Kurt, je serais, de façon évidente, mort avant l'année 2000.

Le jour de notre rencontre, je me trouvais dans ma chambre d'étudiant de huit mètres carrés, au sixième et dernier étage d'une résidence ultramoderne à Paris. Il était 15 heures. Je n'avais pas cours. J'écoutais en boucle *Killing me softly with this song* des Fugees alors que je détestais le côté niais et mielleux de cette chanson. Je m'étais branlé deux fois en regardant un magazine porno dont le nom est resté dans ma mémoire, *Nubiles*. Dans ses pages, des filles toutes plus belles les unes que les autres exhibaient leurs corps parfaits, leurs seins fermes aux tétons roses dressés, leurs chattes lisses et leurs trous du cul accueillants. En me masturbant, j'imaginais leur faire mille choses. Elles me suçaient, je les baisais de façon très violente en les insultant, et je finissais toujours par les sodomiser en leur arrachant des cris de douleur pour qu'elles ravalent leur sourire éclatant. L'orgasme était une drogue puissante, avec une descente tout aussi puissante. Après chaque éjaculation, j'éprouvais un grand vide que rien ne pouvait combler. À dire vrai, à part le sexe, rien n'avait d'intérêt. Je n'avais pas de passions, pas d'envies, pas d'ambition.

J'avais ensuite descendu une bouteille de whisky mélangé à du Coca. À l'époque, je n'aimais pas le sky pur. Je trouvais le goût infect et le degré d'alcool m'arrachait la gorge à chaque rasade. Alors je le diluais. Boire ne me mettait jamais dans un état d'euphorie ou de joie. Au contraire, quand je le faisais, j'avais le sentiment de me résumer à mon état nauséeux. Je me souviens m'être avancé vers ma fenêtre grande ouverte et d'avoir regardé le trottoir et la route, six étages plus bas, avec cette conne de Lauryn Hyll qui s'époumonait dans mon dos :

Strumming my pain with his fingers

(Grattant ma peine – sur sa guitare – avec ses doigts)
Singing my life with his words
(Chantant ma vie avec ses mots)
Killing me softly with his song
(Me tuant doucement avec sa chanson)
Killing me softly with his song
(Me tuant doucement avec sa chanson)
Telling my whole life with his words
(Racontant ma vie entière avec ses mots)
Killing me softly with his song
(Me tuant doucement avec sa chanson)

Le vide m'attirait. Il était le reflet de mon âme. Rassurant. Fascinant. Mon corps était à moitié à l'extérieur, penché vers l'avant, retenu par mes seuls genoux qui tremblaient, en appui sur la partie murée située sous la fenêtre. J'imaginais, je visualisais même très bien ma chute à venir. La sensation de voler. La pesanteur. L'accélération. Le sol qui se rapproche. Les gens tétanisés, en bas. D'autres qui hurlent, impuissants. Des secondes arrêtées, le temps figé. Puis l'impact. Mes membres qui se brisent. Ma tête qui éclate sur le bitume. Le noir. Le rien. La libération. Une éternité sans penser. Et l'horreur dans les yeux de ceux qui, traumatisés à jamais, verraient mon corps désarticulé en bouillie sur le trottoir. L'idée me plaisait. Seul mon anéantissement pouvait, de façon paradoxale, combler le manque qui m'aspirait de l'intérieur. C'était simple. C'était la solution.

Je me rappelle avoir passé une jambe à l'extérieur, trouvant un instant un équilibre précaire. C'est à ce moment qu'on frappa à ma porte. J'avais deux choix : ignorer et sauter ou aller ouvrir. Une question me sauva. Et si c'était la fille qui venait de me quitter qui était derrière cette putain de porte ? Si elle voulait me récupérer en suppliant ? En un éclair, j'avais imaginé la suite. Notre couple qui se reforme. Mon rôle de parfait petit copain pendant quelque temps. Et, enfin, ma vengeance, une fois qu'elle serait de nouveau tombée amoureuse de moi. Une vengeance froide, humiliante, très élaborée, qui la détruirait mentalement. La perspective de la faire souffrir comme elle le méritait m'avait convaincu de rentrer ma jambe à l'intérieur de la chambre et de remettre à plus tard le grand saut.

— Entrez ! avais-je hurlé, du fond de mon ivresse, en m'attendant à voir entrer celle qui m'avait laissé tomber.

Mais au lieu de cela, c'est un type d'une vingtaine d'années, aux cheveux blonds, longs et sales qui était apparu dans le cadre de la porte. Clope au bec, mal rasé, une fossette au menton, les yeux clairs, il était vêtu de plusieurs couches de tee-shirts crades avec une surchemise miteuse par-dessus, d'un jean délavé troué et dégueulasse et d'une paire de Converse usées. « Salut », avait-il dit avec une simplicité déconcertante. Je lui avais demandé ce qu'il voulait et s'il était étudiant. Il m'avait répondu qu'il avait juste envie de discuter et qu'il ne faisait rien de spécial dans la vie. Que la plupart du temps, il zonait dans mon couloir où il occupait une chambre située à côté des chiottes. Je lui avais proposé un whisky. Il avait accepté en même temps qu'il s'affalait sur mon lit, cool, comme s'il était chez lui. Il avait fouillé la poche de sa surchemise pour en sortir deux petites seringues. « C'est vraiment de la merde, les Fugees ! », avait-il balancé tout en me tendant l'une d'elles. Il m'aida à me piquer, après avoir bu son verre d'une seule gorgée. Ce fut la première fois que je pris de l'héroïne. Voilà comment j'ai rencontré Kurt. À partir de ce jour-là, il ne m'a plus quitté, partageant tous mes moments de spleen et soignant ma tendance à l'autodestruction.

CHAPITRE 20

Florence, 17 mars 2013

À l'hôpital, après douze heures d'attente dans les couloirs des urgences, on m'avait confirmé, dans les grandes lignes, mon autodiagnostic, et on m'avait rafistolé. Il n'y avait rien de grave. Ma côte n'était que fêlée, ce qui me rassura. Mon nez, en revanche, était bien cassé. On m'opéra en ambulatoire pour le remettre droit et on me posa une attelle. On en profita pour recoudre mon arcade. Un interne soigna mes dents au mieux mais il ne put pas faire grand-chose. Il me conseilla de consulter un dentiste le plus vite possible, car lui ne l'était pas. On me donna ensuite des antidouleurs puissants, dont un à base de morphine que je ne connaissais pas (il n'existait pas en France, c'était bien dommage) et que j'adorai tout de suite pour la façon dont il faisait planer. Puis on me mit dehors après m'avoir fait payer 1 500 euros que je ne me ferais jamais rembourser par la Sécu. Je rentrai à l'hôtel aux environs de 22 heures. Je trouvai Camille dans la chambre, allongé sur le lit, devant une série TV.

— Ça va ? fit-il en éteignant la télé.

Je lui fis un rapide bilan de mon état de santé. Rapide, car ce n'était pas du tout ma préoccupation principale, trop obnubilé que j'étais par notre début d'enquête.

— Alors, la journaliste ? demandai-je, impatient.

Il mit du temps à répondre. Trop, à mon goût.

— Oui, je l'ai appelée. Elle parle vraiment un français parfait, d'ailleurs. Deux types interrogés par les flics à l'époque des premiers meurtres correspondent à la description faite par la fille, et l'un des deux a les yeux bleus. C'est un Sarde arrivé à Florence avec ses parents au milieu des années 60.

— Un Sarde ! Putain, *yes* ! Tu as son nom ? m'impatientai-je.

— Elle n'a pas voulu me le dire. Elle doit d'abord informer une de ses sources de notre discussion. Elle ne veut pas faire n'importe quoi. À ce qu'elle m'a dit, la justice italienne n'aime pas trop quand on met le nez dans ce dossier… Mais je la revois demain, répondit-il avec un air mystérieux qui m'énerva.

— Donc tu l'as vue ? Je pensais que tu l'avais juste appelée, le questionnai-je, sur un ton sec.

— Oui, se contenta-t-il de dire.

— Tu ne lui as rien lâché sur la Golf blanche ? m'inquiétai-je.

— Non, rien, me rassura-t-il.

— Tu n'es pas très loquace, putain ! Qu'est-ce que tu as ?

Lorsque je discutais avec un interlocuteur, je savais tout de suite quand quelque chose ne tournait pas rond, et là, je sentais que Camille me cachait quelque chose. Il hésita un long moment avant de reprendre la parole, ce qui ne fit que confirmer mon intuition :

— Je ne sais pas comment dire ça, tu ne vas pas comprendre, se décida-t-il enfin à lâcher.

— Accouche ! Tu m'agaces, là ! haussai-je le ton.

— J'ai eu un flash. On a eu un flash..., minauda-t-il en achevant de m'énerver.

— Un flash ? Quoi, un flash ? Tu peux dire les choses clairement, bordel ?

— T'appelles ça comme tu veux. Un crush. Un coup de foudre. Un flash, quoi.

J'éclatai de rire. Il était impossible, pour moi, de concevoir qu'un homme et une femme puissent ressentir un sentiment aussi fort que celui qu'il me décrivait lors de leur première rencontre.

— Un coup de foudre ! Putain, tu m'auras tout fait ! me moquai-je en allumant une cigarette, après avoir ouvert la fenêtre de la chambre.

Il se contenta de me fixer avec un air navré.

— On la voit à quelle heure et où ? poursuivis-je.

— À 14 heures, à Borgo San Lorenzo, sur le lieu du meurtre de Pasquale Gentilcore et Stefania Pettini, murmura-t-il entre ses dents.

— Le meurtre de 74 ?

— Oui, mais je vais la voir seul, décréta-t-il d'un ton assuré.

— Comment ça, seul ? m'étonnai-je en recrachant ma fumée vers l'extérieur, agacé par l'attitude de Camille et par le grésillement du néon défaillant au-dessus de l'évier.

— Je n'ai pas envie que tu la voies et que tu interfères dans notre relation. Tu sais comment ça se passe à chaque fois, non ? Faut déjà que je te rappelle l'épisode avec l'Anglaise ? répondit-il avec des reproches dans la voix.

Il est vrai que chaque fois qu'il entamait une relation, je la gâchais, pour une raison que j'ignorais, comme si je ne voulais pas qu'il puisse être heureux. J'avais baisé presque toutes les filles avec qui il était sorti. Je pense que j'étais excité à l'idée de lui démontrer que toutes les femmes étaient des garces. Aucune amitié n'aurait résisté à cela, mais notre lien était particulier. Nous nous étions rencontrés à une période très compliquée de nos vies respectives et cela cimentait notre relation singulière. Alors il me pardonnait tous mes écarts parce qu'au fond, il avait besoin de moi et moi, j'avais besoin de lui.

— Et tu vas faire comment pour y aller sans bagnole ? lui opposai-je.

— Tu vas me prêter les clés, proposa-t-il en rallumant la télé pour écourter notre discussion.

— Certainement pas, refusai-je, en tirant sur le filtre de ma clope pour remplir mes poumons de merdes nocives.

— Alors tu me conduiras et tu resteras dans la bagnole, conclut-il en montant le son.

— OK, concédai-je, la mort dans l'âme. Par contre, demain matin, nous irons d'abord sur la toute première scène de crime, celle de 68. J'ai besoin de ressentir l'endroit.

Il acquiesça d'un signe de tête et se plongea dans la série débile qu'il regardait. Cette nuit-là, je dormis très mal, ne sachant pas quelle position prendre avec ma côte fêlée, et perturbé par cette soudaine envie d'émancipation de Camille. Seule la morphine m'apporta le réconfort dont j'avais besoin.

CHAPITRE 21

Paris, Résidence étudiante, 1999

Quelques jours après ma tentative de suicide manquée, j'avais fait la connaissance d'un autre type, Camille.

— Salut, fit-il un matin avec sa tête de premier de la classe après que je lui avais ouvert la porte avec difficulté.

C'était un polard (un étudiant trop sérieux), comme nous le disions à l'époque. Je l'avais entraperçu deux ou trois fois dans l'amphi, au premier rang. La veille, comme tous les jeudis, il y avait eu un « zinzin » (une soirée étudiante, j'ignore si ce mot est toujours utilisé) et je ne l'y avais pas croisé. C'était le genre de mec à ne jamais sortir, pour pouvoir être en forme en cours. Couché à 23 heures, levé à 6 h 30. Une vie bien réglée, où le plaisir n'avait que peu de place. Moi, bien sûr, j'étais allé à la fête. J'avais bu plus que de raison, j'avais fumé et pris de la coke. En pleine nuit, j'avais dégueulé dans mon lit, ne parvenant pas à attraper ma poubelle. Ça puait la gerbe dans ma piaule et je n'avais aucune envie de discuter.

— Oui ? Quoi ? dis-je de façon très froide, dans l'ouverture de la porte, en caleçon.

— Je voulais me présenter. Je viens d'emménager dans la chambre juste à côté. J'étais dans l'aile ouest avant, répondit-il en souriant.

— OK, cool, excuse-moi, mais je suis occupé, là. On se revoit plus tard ? l'expédiai-je avant de lui refermer la porte au nez.

Voilà comment se déroula ma première rencontre avec Camille.

L'année scolaire avançant, j'avais appris à le connaître. Il y avait un truc en lui qui me touchait, de façon inexplicable. Alors je le tolérais, bien qu'il fût d'un ennui mortel. Après les cours, il venait parfois squatter ma chambre. Nous faisions une partie de *Doom 2*, nous écoutions un peu de musique et nous discutions. Il était très cultivé et intelligent. Nous étions très peu souvent d'accord, mais je considérais nos échanges comme étant plutôt enrichissants. Un soir, après avoir fumé un joint (moi, pas lui : il ne touchait pas à la drogue, et très peu à l'alcool), nous abordâmes le sujet de la mémoire. Je n'avais presque aucun souvenir de mon enfance. Ils étaient très ponctuels, comme des saynètes dans ma tête, et ils correspondaient tous à des moments désagréables, voire traumatisants. Cela me perturbait, parfois.

— C'est quoi ton meilleur souvenir d'enfance, Cam ?

— J'en ai plein, répondit-il avant de marquer une pause pour réfléchir.

— Je dirais que c'était juste avant Noël, reprit-il. Je devais avoir onze ou douze ans. Mon père avait posé congé un après-midi et nous étions allés faire un tour, à trois, avec ma mère dans une immense galerie commerciale. Tout était décoré pour les fêtes de fin d'année. Il y avait des automates, une banquise artificielle. Nous avions fait les magasins. Mes parents s'étaient acheté des vêtements. Ils m'avaient offert un jean, ce qu'ils m'avaient toujours refusé avant ce jour-là. J'étais comme toi, c'était pantalon de velours. J'étais heureux, vraiment heureux. L'adolescence n'était pas encore là. Mes vieux n'avaient pas encore divorcé. Sur la route de retour vers la maison, nous avions écouté le duo d'Elton John et George Michael sur le titre *Don't let the sun go down on me*. Mon père avait dit que cette chanson était cool. Il disait rarement ce genre de trucs. Il parlait très peu. Ça m'avait marqué. Aujourd'hui encore, quand j'entends ce morceau, je me sens bien et je ressens le même sentiment de sécurité que j'avais éprouvé cet après-midi-là. Pourquoi tu me demandes ça, Tom ? m'interrogea-t-il.

— Je ne sais pas, Cam, dis-je avec sincérité.

— Et toi, c'est quoi ton meilleur souvenir ? poursuivit-il.

— Je n'en ai pas, admis-je.

— Tu en as, c'est forcé. Je ne te crois pas.

— Pourtant, c'est vrai, je n'en ai pas de bons, conclus-je avant de changer de sujet.

CHAPITRE 22

Florence, 18 mars 2013

À 12 h 15, nous étions garés à Signa, dans un renfoncement de la via di Castelletti, à une vingtaine de kilomètres du centre de Florence. Là, à l'endroit précis où nous nous trouvions, dans la nuit du 21 août 1968, dans une Alfa Romeo Giulietta blanche garée dans ce même chemin de terre, juste à côté de ce cimetière, furent assassinés Antonio Lo Bianco, un maçon natif de Palerme, vingt-neuf ans, marié et père de trois enfants, et Barbara Locci, femme au foyer, trente-deux ans, originaire de Villasalto, dans la province de Cagliari. Cagliari, vous vous souvenez ? L'autocollant sur la Golf blanche... Les deux étaient amants. La femme était mariée à Stefano Mele, un ouvrier sarde arrivé en Toscane quelques années plus tôt. Au moment de l'attaque, vers minuit, ils étaient en pleins préliminaires. Sur la banquette arrière dormait Natalino Mele, le fils de six ans de Barbara Locci et Stefano Mele. J'avais moi-même du mal à imaginer le truc. Je ne conçois pas qu'on puisse faire mal aux enfants et aux animaux. Le tueur s'était approché et avait tiré à travers les vitres de la voiture. Huit tirs au total, dont quatre touchèrent l'homme et quatre autres, la fille. Les flics retrouvèrent sur le site des cartouches Winchester 22 Long Rifle avec la lettre H gravée au dos.

Vers 2 heures du matin, le 22 août, le petit Natalino Mele sonna à la porte d'une maison au 154 via Vingone, à plus de deux kilomètres de l'endroit où la voiture des victimes était garée. Le propriétaire de la bicoque se réveilla et tomba nez à nez avec le gosse qui disait être malade et lui réclamait de l'eau. Il lui en donna tout de suite par la fenêtre. « Ouvrez-moi la porte, parce que j'ai envie de dormir, et mon père est malade. Il est dans son lit. Après, pourrez-vous me ramener à la maison ? Parce que maman et mon oncle sont morts dans la voiture. », avait dit le petit devant le pauvre type stupéfait.

Incrédule, l'homme demanda à Natalino ce qui était arrivé. Le gamin se montra très flou et confus dans ses explications. « Il faisait sombre, les arbres bougeaient beaucoup, j'avais peur, j'ai dit des prières, j'ai commencé à chanter *La Sardane* » (une chanson sarde appelée aussi *La Tramontane*), avait-il balbutié. M. De Felice, le propriétaire, appela la police, qui arriva une demi-heure plus tard et se mit très vite à la recherche de la voiture, les flics emmenant avec eux le petit garçon.

Vers 3 heures, la voiture fut retrouvée, grâce à ses feux de détresse qui avaient été activés, sur la via di Castelletti, à cent mètres de l'intersection menant à Comeana, dans une zone habituellement fréquentée par les couples pour baiser.

L'enquête se tourna alors vers le mari de la victime, Stefano Mele, qui fut soupçonné d'avoir agi par jalousie. Cette théorie était toutefois très improbable, car le même type avait, à plusieurs reprises dans le passé, démontré un tempérament très soumis envers son épouse (qui avait été surnommée la Reine des abeilles, à cause de ses nombreux amants), allant jusqu'à accueillir, dans sa maison, pendant un certain temps, l'amant de celle-ci, dont certains pensaient qu'il était le véritable père du petit Natalino. Les potins du pays avaient même insinué que le cocu apportait le café au lit à tous les mecs qui se tapaient Barbara.

Le 23 août, suite à douze heures d'interrogatoire, après avoir, dans un premier temps, nié toute implication et avoir essayé d'orienter les enquêteurs vers les amants de sa femme, le mari avoua le crime. Mais lors de la reconstitution réalisée le même jour, il s'avéra que Stefano était incapable de manipuler une arme, et il donna des détails qui ne correspondaient pas du tout aux indices relevés sur la scène de crime. Au bout de quelques heures, mis face à de nombreuses contradictions, il indiqua avoir eu un complice et balança le nom de Salvatore Vinci. Il prétendit que ce dernier lui avait fourni la carabine et l'avait accompagné en voiture vers le lieu du double meurtre. Il déclara aussi avoir jeté l'arme dans le canal qui longeait le cimetière, mais le calibre 22 ne fut jamais retrouvé par la police.

Il raconta ensuite d'autres versions pas plus plausibles que les précédentes, sous la pression probable des flics. Le procureur entendit le petit Natalino, qui après avoir déclaré ne rien avoir vu, admit qu'à son réveil dans la voiture, il avait vu son père, et que c'est même lui qui l'avait déposé devant la maison de Vingone, tout en lui ayant fait promettre de ne rien dire. Bref, un beau bordel, auquel je n'ai jamais cru !

Cependant, malgré les nombreuses incohérences et l'absence de l'arme, en mars 1970, Stefano Mele fut condamné par le tribunal de Pérouse à quatorze ans de prison, une peine assez légère parce que l'homme fut reconnu incapable de discernement.

Jusqu'à ce qu'un autre double meurtre soit commis avec le même flingue en 1974 et vienne innocenter le mari, qui se trouvait derrière les barreaux au moment des faits.

Je descendis de la voiture en me massant au niveau de ma côte douloureuse. Le temps était au beau fixe, ce matin-là. Au loin, on pouvait distinguer les collines de Toscane. Un léger vent soufflait et faisait onduler les cyprès qui bordaient la via di Castelletti des deux côtés. Les murs blancs et sales du cimetière renvoyaient une lumière aveuglante. J'observai les alentours. Les lieux étaient situés à la sortie du village de Signa, mais ils n'étaient pas vraiment isolés. Il y avait une maison juste en face et le bourg n'était distant que d'une grosse centaine de mètres. Ce n'était pas un endroit idéal pour assassiner un couple. Surtout avec une arme à feu. À l'évidence, les huit détonations avaient dû être entendues par de nombreux habitants et le tueur n'avait pas eu le loisir de s'éterniser sur place.

Je mis tous mes sens en éveil en essayant de m'introduire dans la tête du Monstre. Il fallait à tout prix que je comprenne pourquoi il était passé à l'acte. Qu'est-ce qui, à un moment donné, l'avait fait basculer du fantasme à l'action et à la répétition de cette action ? Répondre à ces questions me permettrait d'en savoir plus sur moi-même, de pouvoir expliquer ce qui commençait à prendre possession de moi, de façon lente mais inexorable.

Je me replaçai en 1968, cette fameuse nuit. Il faisait noir, car à part la lune, aucune lumière ne pouvait réduire l'obscurité. Pas de candélabre, ici. Les amants étaient garés sur ce spot bien connu des couples pour une baise rapide. Que faisait-il là, lui ? Connaissait-il juste le site ? Y avait-il déjà joué les simples voyeurs ? Supposons que cela fût le cas. Planqué dans un bosquet, il observe Antonio Lo Bianco et Barbara Locci. Ils sont à l'avant de la bagnole. Elle le suce. Pour voir quelque chose, il doit s'approcher au maximum, avoir la tête collée à la vitre. C'est peut-être ce qu'il fit en se branlant. À ce moment-là, l'un des deux s'aperçoit de sa présence, c'est probable. Il a alors deux choix : fuir, ce qui semble le plus logique, ou rester. Il est armé. S'il avait voulu les forcer à faire quelque chose devant lui, à baiser ou autre, il aurait dû discuter avec eux. Or les fenêtres de leur Alfa Romeo étaient fermées puisqu'il a tiré à travers les vitres. Il est donc resté, mais pas dans l'intention de les regarder baiser. Non, il a juste allumé sa lampe torche, l'a braquée sur eux pour les aveugler et a fait feu, sans même peloter la fille, sans même la toucher, ce qui diffère considérablement des crimes suivants où il avait pratiqué des mutilations sexuelles, emportant des morceaux de la vulve ou les seins de ses victimes.

Ce premier meurtre ne collait pas avec un crime sexuel. C'était une exécution froide. Cependant, je pense qu'au cours de cette exécution, il a ressenti du plaisir, le plaisir d'ôter la vie. Ce plaisir inattendu et intense est venu dans un second temps mais n'a pas dicté son acte. Mais alors, pourquoi les buter ? Je vous l'ai déjà dit, je suis persuadé qu'il connaissait les deux victimes. La configuration des lieux ne faisait que confirmer ma conviction.

— C'est un proche qui les a tués, fis-je en pensant tout haut.

— Ouais, je ne sais pas, contesta Camille, qui lui aussi parcourait les environs du regard.

Je ne relevai pas. J'étais sûr de moi. Ce crime voulait dire : *je n'ai pas pu te baiser alors tu ne baiseras plus personne*. Barbara Locci avait dû chauffer son assassin, le laisser espérer. Elle se tapait tout ce qui bougeait, elle était un symbole fort d'une sexualité décadente. Soit notre homme l'avait baisée et elle l'avait éconduit, mais je n'y croyais pas trop. Soit il n'avait pas réussi à la sauter et il s'était senti humilié. Cela correspondait très bien au profil dressé par le FBI. Un type impuissant qui trouve un autre moyen de prendre son pied.

Une question me hantait. Quand avait-il découvert la présence du gamin dans la bagnole ? Avant de tirer ? Après ? Dans les deux cas, pourquoi ne l'avait-il pas tué aussi ? Certes, le gosse n'avait que six ans, mais il restait un témoin potentiel et donc un risque non négligeable pour l'assassin d'être arrêté. Et s'il ne l'avait pas vu, en fait ? C'était tout à fait possible dans l'excitation de l'instant et surtout dans l'obscurité totale, s'il n'avait pas eu l'idée de mettre un coup de lampe torche sur la banquette arrière. Et d'ailleurs, pourquoi l'aurait-il fait ? Qui pourrait penser qu'une mère de famille serait capable de sucer une queue dans une bagnole devant son gosse endormi ? Personne. Alors pourquoi aurait-il fait exception ? Il avait dû l'apprendre dans la presse un peu plus tard. Cela l'avait peut-être choqué et conforté dans sa vision naissante des femmes. Des salopes, des putes, des garces qu'il devait punir. C'est là qu'il bascula.

Il patienta ensuite six longues années avant de recommencer. Pendant tout ce temps, qu'avait-il fait ? Était-il en couple et donc apaisé ? En prison ? Ou avait-il, de façon plus probable, accumulé de la frustration jusqu'à trouver une nouvelle opportunité ? Tous ces crimes étaient espacés dans le temps, ce qui était rare pour les tueurs en série. Mais cela s'expliquait, à mon sens. C'était contextuel. Il fallait qu'il croise, par hasard, des couples en train de baiser dans des lieux assez isolés pour les massacrer sans se faire voir, et cela, ça n'arrivait pas tous les jours. La probabilité était infime.

J'allumai une clope dont la fumée réveilla les douleurs que je ressentais au niveau de la cloison nasale, et laissai mon esprit divaguer en perdant mon regard dans les cyprès qui dansaient avec le vent. J'étais très excité à l'idée de me trouver sur le lieu précis de la naissance du Monstre. La mélodie de *Come on death* de Nirvana s'était invitée dans ma tête, comme un message qu'on m'envoyait de l'au-delà :

Deaaaaaaaath, deaaaaaath, deaaaaaaaaath, deaaaaaaaaaaath
(Mooooooooort, mooooooooort, mooooooooort, moooooooooort)
Come on death, come on death, come on death, come on death
(Que la mort vienne, que la mort vienne, que la mort vienne, que la mort vienne)
Surly, surly, surly, surly
(Revêche, revêche, revêche, revêche)

I'm does finishing to hell
(Je suis les biches finissant en enfer)
And I'm does, and I'm does hell, hell, helllllllll
(Et je suis les biches, et je suis les biches de l'enfer, enfer, enferrrr)

D'enfer, il était question en ce lieu. C'était comme si le diable hantait cet endroit depuis 1968. Comme s'il caressait mon visage et m'appelait.

— Encore un cimetière, ça fait beaucoup ! lança Camille qui alimentait sa propre théorie, sans parvenir à me sortir de mes rêveries morbides.

CHAPITRE 23

Herblay-sur-Seine, 2005

— Patricia est décédée, lâcha Georgy.

Georgy faisait partie de mon groupe de potes. J'étais en voiture et je fus incapable de dire quoi que ce soit. Je dus m'arrêter sur le bas-côté. Quatre jours plus tôt, tous mes amis s'étaient réunis et nous avions fait une fête qui avait duré vingt-quatre heures. Ma meilleure amie, Patricia, était en pleine forme. Elle avait même dansé sur les tables, complètement défoncée. Le lendemain, elle avait été hospitalisée pour une phlébite. Les toubibs lui avaient donné des anticoagulants. J'étais passé au CHR et elle semblait s'être très bien remise. Cette visite m'avait rassuré.

— Embolie pulmonaire, compléta mon ami, en larmes.

Patricia était la joie de vivre incarnée. La joie de vivre mourut avec elle. Lors des obsèques, beaucoup pleurèrent, crièrent, firent du cinéma, derrière leurs lunettes de soleil, gesticulant pour se montrer. Restant dans mon coin, prostré, je ne fis rien de tout ça et je les vomissais, ces gens que je ne connaissais pas pour la plupart. Ils n'étaient pas dignes de la seule véritable tristesse que Patricia méritait : celle que j'éprouvais. J'étais pétrifié. Incapable de parler, de penser ou de pleurer.

Quand le corps de mon amie brûla, j'eus le sentiment d'avoir atteint l'âge de mon apogée intellectuel, et je constatai que c'était le cynisme qui m'animait dans ma compréhension de la vie. Rien ne m'émerveillait jamais et rien ne me choquait non plus. Le cynisme est un mécanisme de défense pour les gens qui ont compris trop vite qu'ici-bas, tout est vide de sens. C'est terrifiant, mais on ne peut rien y faire. Un jour on danse sur une table et une semaine plus tard, on danse dans les flammes, réduit à un petit tas de cendres et à un souvenir qui s'effacera. On peut se changer les idées avec le boulot, les loisirs, la politique, l'argent ou le sexe, ce ne sont que des divertissements pour oublier cette triste finalité.

CHAPITRE 24

Borgo San Lorenzo, 18 mars 2013

Vers 13 heures, nous reprîmes la route vers Borgo San Lorenzo où Camille avait rendez-vous avec la journaliste, Francesca Lombardi. Dans la voiture, l'ambiance était glaciale. Il ne parlait pas et j'étais, pour ma part, toujours pris dans une sorte de transe rétrospective, excité d'avoir enfin foulé du pied la scène de crime originelle. Je m'attendais à ce que les lieux soient très proches, mais le GPS indiquait un peu plus d'une heure de route. Je notai cela dans un coin de ma tête. C'était aussi une indication. Quand on parlait du Monstre de Florence, cela pouvait donner le sentiment que tous les meurtres avaient été commis dans un périmètre restreint autour de la ville, mais en réalité, le terrain de jeu du tueur était très vaste. Plus tard, j'avais localisé les différents sites des attaques sur une carte. On pouvait les répartir en deux familles, l'une au nord de la ville autour de la route nationale SP551, et l'autre au sud. Entre les deux points les plus éloignés, il y avait près d'une heure trente de route. Ce n'était pas rien. Cela signifiait que le tueur connaissait parfaitement une zone de campagne très étendue et qu'il était mobile, ce qui écartait d'office les suspects très sédentaires.

Nous arrivâmes au niveau du chemin de terre que Camille m'avait indiqué à Rabatta, hameau de Borgo San Lorenzo, à 14 heures pile. La journaliste était déjà là. Elle attendait dans sa Fiat Punto rouge, moteur en marche, fenêtre ouverte du côté conducteur, et fumait une cigarette. Je me demandais pourquoi elle nous avait donné rendez-vous aussi loin de Florence alors que son bureau s'y trouvait, mais je renonçai à poser la question à mon passager.

— Gare-toi là ! dit Camille alors que nous étions encore à une distance raisonnable de la Punto.

Je m'arrêtai. Il ouvrit la portière et descendit de la voiture.

— Putain, tu ne veux vraiment pas que je la voie, cette gonzesse ! Et je fais quoi en t'attendant, moi ? protestai-je.

— Fume des clopes et écoute de la musique. Je n'en ai pas pour longtemps, je pense, répondit-il en claquant la porte, avant de se diriger à pied sur le petit chemin de terre vers la bagnole de Lombardi.

Connard ! me dis-je. Je le supportais de moins en moins. Il entra dans la Punto de la nana dont je ne pouvais même pas distinguer le visage. *Un couple dans une voiture sur le lieu même d'un double meurtre*, me dis-je, quand même amusé. En fait, je me retrouvais, à cet instant précis, dans la même situation que le tueur vingt-neuf ans plus tôt. À la place de Camille et de la journaliste se trouvaient alors Pasquale Gentilcore, dix-neuf ans, ouvrier, et Stefania Pettini, dix-huit ans (avec Pia Rontini, la plus jeune victime du tueur en série), secrétaire dans un entrepôt à Florence, activiste du parti communiste italien. Ils étaient fiancés depuis deux ans et s'apprêtaient à se marier. Ils furent tués juste là où Francesca Lombardi était garée. Le mec avait accompagné sa sœur Cristina dans une discothèque de Borgo San Lorenzo, promettant de revenir la chercher au plus tard à minuit.

Il avait alors rejoint sa petite amie à Pesciola Vicchio, à son domicile. Vers 22 heures, Pasquale et Stefania décidèrent de retrouver des amis, mais sur la route leur prit une envie de baiser. Il faut bien comprendre qu'à l'époque, dans une Italie ultra catholique, il était interdit de coucher avant le mariage. Les jeunes bravaient bien sûr cet interdit, mais jamais chez eux, où ils auraient pu être surpris par leurs parents. C'était donc souvent dans leur voiture ou en extérieur qu'ils s'envoyaient en l'air. Ils empruntèrent alors ce petit chemin de terre qui menait aux rives de la Sieve. C'était un endroit fréquenté par les couples de la région. Ils se garèrent et commencèrent à se déshabiller.

Vers 23 h 45 (sur la base de ce qu'a indiqué un témoin qui avait entendu les coups de feu), en pleins préliminaires, Pasquale fut abattu de cinq balles tirées à travers sa vitre par le fameux Beretta calibre 22 long rifle, le même que celui utilisé pour le meurtre de 1968. La fille, elle, fut touchée par trois projectiles au niveau des jambes. Encore vivante, elle fut traînée hors de la voiture, incapable de s'enfuir à causes de ses blessures. Là, le Monstre la poignarda à trois reprises au sternum. Il coucha ensuite le corps par terre et frappa 96 fois avec son couteau, concentrant les coups portés sur les seins et le sexe. Il la massacra. Ensuite, il pénétra le vagin de la fille avec une branche de vigne qu'il avait trouvée à proximité.

Le corps de Stefania, lorsqu'il fut retrouvé le lendemain matin par un agriculteur, était dans un tel état que lors du procès d'un des suspects, innocenté par la suite, plusieurs personnes, dont un carabinier, s'évanouirent en cours d'audience, alors que les photos du cadavre étaient affichées.

Sur cette scène de crime et sur les suivantes, les flics trouvèrent, éparpillés sur le sol, les objets que contenait le sac à main de la jeune fille. Le sac et son soutien-gorge furent retrouvés plus tard, dans un autre lieu indiqué par un appel téléphonique anonyme probablement passé par le tueur qui avait seulement emporté quelques bijoux fantaisie et la montre de Stefania. Ses trophées.

Tout ceci s'était passé là, sous mes yeux, à l'endroit où était garée la Punto de Francesca Lombardi. Une douleur intense semblable à un coup de poignard me fusilla au niveau de ma côte fêlée. Je mordis sur ma chique. J'allumai une clope et la radio. Dans le ciel, de gros nuages noirs s'étaient formés et le vent s'était renforcé. Un orage montait. Il n'y avait pas grand-chose aux alentours proches, à part une grange abandonnée. Si j'avais été le Monstre, c'est à l'intérieur de cette grange que j'aurais amené ma victime pour la violer et la torturer pendant des heures. Ce lieu m'intéressait beaucoup moins que le précédent. C'était la genèse des meurtres qui me fascinait, pas leur déroulement. Je n'étais pas impuissant comme le tueur. L'utilisation d'un couteau ou d'un flingue en substitut de ma queue ne m'avait jamais excité ni même traversé l'esprit. Nous n'avions pas les mêmes goûts ni les mêmes fantasmes, à l'évidence.

Soudain Camille et la journaliste sortirent de la voiture. Ils firent quelques pas en discutant. Même de là où je me trouvais, je pus constater qu'elle était très belle. Grande, élancée, avec de belles formes, des jambes interminables, une longue chevelure brune et bouclée, bronzée, le visage d'un ovale parfait, les yeux perçants. Elle devait avoir une petite trentaine d'années. Elle portait un tailleur bleu et une paire d'escarpins. Elle me plut tout de suite. C'était mon style de femme. Elle tendit le bras dans la direction d'un hameau qu'elle désignait à son interlocuteur. Je sentis une complicité évidente entre les deux. Par le regard. Par la façon qu'ils avaient de s'effleurer. Peut-être que cet idiot avait raison. Peut-être qu'ils avaient eu un crush réciproque. Ils discutèrent encore une dizaine de minutes, puis elle remonta dans sa Punto et repartit, laissant derrière elle un panache de poussière. Camille rentra dans la voiture.

— Alors ? lui demandai-je.

— Elle m'a donné le nom du type qui correspond au signalement que la prostituée t'a donné. Il s'appelle Gianni Moser, répondit-il, tout guilleret.

— Et il habite où, ce Gianni Moser ? poursuivis-je en écrasant ma clope sur la carrosserie.

— Juste là, dit-il en désignant le hameau que la journaliste lui avait elle-même indiqué.

— C'était pour ça le rendez-vous ici en pleine pampa et pas à Florence ? déduisis-je.

— Oui, parce que sa ferme n'a pas d'adresse. Elle voulait me la montrer de visu.

— Tu sais qu'avec Google tu peux localiser n'importe quoi ? me moquai-je.

— Je lui ai donné l'info de la Golf blanche, fit-il en me fixant pour observer ma réaction.

— Déjà ! Putain, tu aurais dû attendre ! On n'a plus rien à marchander avec elle, maintenant ! m'emportai-je.

— Elle est réglo. Si elle a des infos, elle nous les donnera. Je dîne avec elle, ce soir, m'indiqua-t-il sans se démonter, ce qui était rare.

— Tu vas la baiser ?

— C'est pas ton problème, ça ! Bon, tu vois les choses comment ? On monte une planque devant chez le mec ? proposa-t-il.

— On va perdre du temps avec une planque. Non, on va aller sonner à sa porte. J'ai besoin de le jauger, tranchai-je.

— Comme ça ? On sonne chez le type ? Pour lui dire quoi ? On n'est pas flics, on n'a pas de mandat. On ne parle même pas italien ! protesta-t-il.

— Tu me laisses faire. Toi, tu te tais et tu observes. Si c'est lui, je vais le sentir.

En vérité, j'étais pressé de me confronter au tueur – si c'était bien lui – et de me mettre en connexion avec son âme. De comprendre. Je tournai la clé de contact et nous nous mîmes en route vers le hameau. Lorsque nous y fûmes, cinq minutes plus tard, Camille m'indiqua une très vieille ferme délabrée. Une cour pavée non clôturée se déployait sur l'avant. Je m'y avançai et me garai. Nous descendîmes du véhicule. Des poules à moitié déplumées couraient un peu partout, se disputant des graines ou des insectes avec un groupe de pigeons maigrichons. De vieux outils rouillés d'un autre siècle étaient éparpillés sur le sol, au milieu de tas de cailloux, de tuiles cassées et d'autres détritus. C'était un véritable dépotoir. Ça sentait le lisier et la merde. Une grange jouxtait l'habitation. Les deux bâtiments semblaient constitués de torchis en très mauvais état et leur toiture menaçait ruine. Au moment où nous nous avancions vers la porte d'entrée, il commença à pleuvoir et un éclair zébra le ciel noir.

CHAPITRE 25

Borgo San Lorenzo, ferme de Gianni Moser, 18 mars 2013

Nous frappâmes à la porte qui n'était pas munie de sonnette. Personne ne vint ouvrir. Pourtant, nous pouvions entendre de la musique à l'intérieur. Il me sembla qu'il s'agissait d'un air de classique. Mozart, peut-être.

— Il y a quelqu'un ? criai-je à plusieurs reprises.

Au bout de quelques minutes, la musique s'arrêta et la porte s'ouvrit sur un type qui collait à la perfection à la description faite par la pute. Chauve, soixante-cinq ans, environ, 1m65 au maximum, du bide, les épaules larges, une tête de taureau avec une mâchoire très carrée, les yeux verts perçants. Il portait un pantalon de ville, des mocassins cirés et une chemise blanche très bien repassée, ce qui était en parfaite incohérence avec le taudis dans lequel il habitait. Il s'adressa à nous en italien, nous demandant, je présume, ce que nous voulions. Souriant, il n'avait rien d'antipathique, à première vue. Je tentai d'engager la discussion en anglais :

— *Hello sir, I'm a journalist* (Bonjour, monsieur, je suis journaliste).

— Ah, vous êtes journaliste, m'interrompit-il dans un français parfait, ce à quoi je ne m'attendais pas du tout.

— Euh… Oui, français, répondis-je, surpris.

— Votre accent vous a trahi, expliqua-t-il. Et que voulez-vous ?

— Nous menons une enquête sur la vie en zone rurale en Italie, mentis-je en regardant Camille qui restait en retrait et silencieux, se faisant passer pour mon assistant, ce qui l'arrangeait, car il était beaucoup moins à l'aise que moi.

— Et cela consiste en quoi ? demanda-t-il, avec un demi-sourire aux lèvres.

— J'aurais quelques questions à vous poser. Il y en a pour cinq minutes au maximum, répondis-je en essayant d'adopter la posture la plus convaincante possible.

Je pensais qu'il allait m'envoyer chier, mais au contraire, il nous invita à entrer, d'un geste de la main.

— Allez-y ! Le café est chaud, fit-il en s'engouffrant dans ce qui ressemblait au séjour de l'habitation.

Dehors, l'orage grondait désormais et le vent soufflait par bourrasques qui faisaient claquer les volets en bois. Du regard, malgré l'obscurité, je balayai la pièce dans les moindres détails. L'intérieur était aussi délabré et crade que l'extérieur. Des bouteilles d'alcool vides traînaient un peu partout, sur les meubles et par terre. Ça sentait la maison de vieux avec une odeur de pisse et de graillon très présente. Les épais fauteuils du salon étaient éventrés et de la mousse en ressortait. Une énorme pile de vaisselle sale s'étalait dans la cuisine, à côté du lavabo, et attirait des nuées de grosses mouches bleues. Tout était vieillot. On aurait pu se croire au début du siècle dernier si un écran plat géant n'était pas allumé dans un coin de la pièce, à droite d'un immense foyer ouvert de cheminée. Sur cet écran, un arrêt sur image avait été fait… sur une vidéo porno. On y voyait une fille très jeune aux prises avec cinq hommes dans un gangbang amateur. Elle suçait un mec, en branlait un deuxième et les trois autres la baisaient. Elle avait une queue dans la chatte et deux dans le cul. Le type constata que j'avais regardé l'écran, mais cela ne le gêna pas le moins du monde.

— Quelle belle invention, internet ! On trouve de la petite salope à profusion là-dessus ! lâcha-t-il en regardant l'écran et en riant, avant d'ajouter : Installez-vous, je vous sers un café.

Nous prîmes place sur les chaises qui entouraient la grande table de séjour en bois massif et sur laquelle étaient entreposés des tonnes de courriers, prospectus et papiers en tout genre. Au milieu de ce bordel, je remarquai un exemplaire de *La Nazione* ouvert sur une page sur laquelle un article titrait *Il retorno del Mostro?* (Le retour du Monstre ?) D'un signe de tête, je désignai le journal à Camille et lui fis un clin d'œil. C'était notre homme, j'en étais persuadé. En quelques jours seulement, nous avions réussi là où les flics échouaient depuis plus de trente ans. C'était jouissif. Le type nous apporta une tasse de café noir d'une consistance proche de celle du mazout et il vint s'asseoir face à moi. Il planta ses yeux verts dans les miens.

— Alors ? dit-il avant de porter la tasse à ses lèvres.

— Euh... oui... Donc, pouvez-vous nous en dire plus sur vous ? Quelle est votre profession ? Votre âge ? Depuis quand vivez-vous ici ? commençai-je en actionnant l'enregistreur vocal de mon téléphone pour lui donner le sentiment qu'il s'agissait d'une véritable interview.

— Je m'appelle Gianni Moser. J'ai soixante-six ans. Je vis ici depuis quarante-cinq ans. Je suis à la retraite, mais j'étais équarrisseur pour tous les agriculteurs du coin. Qu'est-ce que vous avez fait à votre visage ?

— Je... Euh... une mauvaise chute. Rien de grave. Vous n'êtes pas originaire d'ici, alors ? Français, peut-être ? Vous n'avez aucun accent, le complimentai-je.

Moser ignorait Camille de façon délibérée, comme s'il n'avait aucune importance. Il avait tout de suite compris que j'étais son seul interlocuteur valable. Cela ne semblait pas déranger mon comparse, qui en profitait pour prendre des notes.

— Ma mère était française. Mais je suis né et j'ai passé mon enfance à Ghilarza, précisa Moser tout en me proposant du sucre.

— Ghilarza ? Excusez-moi, je ne situe pas bien.

— C'est en Sardaigne, répondit-il en jetant un coup d'œil sur l'écran géant toujours en arrêt sur image.

En Sardaigne, putain ! me dis-je. Tout coïncidait tellement bien. Je jubilais en donnant un léger coup de pied sous la table à Camille.

— Parfait. Et comment définiriez-vous cette vie à la campagne ? Comment sont organisées vos journées, maintenant que vous êtes à la retraite ? questionnai-je en buvant une gorgée de café qui me brûla la langue.

Une vieille horloge comtoise située dans un renfoncement et que je n'avais pas remarquée en entrant sonna 15 heures. Je détestais les pendules. Elles me donnaient l'impression d'attendre la mort. Lorsque la sonnerie s'interrompit, mon esprit se focalisa sur son tic-tac qui ne m'avait pas perturbé jusque-là.

— Oh, les journées sont bien remplies, vous savez. Je tue des bêtes pour les voisins. Des cochons, des vaches. Je les aide un peu aux champs. Je me fais à manger. La sieste. Je regarde des vidéos. Et parfois, je vais à Florence faire les boutiques. Ah, et je chasse aussi. C'est à peu près tout, lista-t-il en me fixant toujours avec cette espèce de demi-sourire agaçant aux lèvres.

— Pas de famille ? Pas de femme ?

— Oh non, ça non. Pas de femme, pas de gosses. J'ai eu une fiancée, il y a longtemps, mais ça n'a pas marché et elle est morte. Les femmes, ça ne sert à rien. Ça parle tout le temps. Ça nous emmerde. Je n'en ai pas besoin. Juste pour tirer la crampe, comme on dit en français.

J'observais tous ses gestes. Il était très à l'aise, pas stressé du tout. On sentait une grande intelligence derrière ses yeux verts.

— Vous fréquentez les prostituées ? hasardai-je.

— Ah ça, oui, dès que je peux, pas vous ?

— À Florence ? Vous y allez en voiture ? continuai-je, bien décidé à lui faire dire qu'il possédait une Golf blanche, le dernier élément manquant pour ne plus avoir le moindre doute.

Un éclair illumina la pièce une fraction de seconde et tout de suite après, le tonnerre se fit entendre. Moser ne répondit pas immédiatement. Il se leva, fit quelques pas jusqu'à un frigo sans âge dont il ouvrit la porte pour en sortir un gros saucisson à moitié entamé. Puis, dans un tiroir, il attrapa un couteau de boucher avant de revenir s'asseoir.

— Ma voiture est en réparation au garage. Un morceau de saucisson ? nous proposa-t-il tout en coupant des tranches à même la table avec la lame aiguisée.

Nous refusâmes poliment, n'ayant aucune envie de crever d'une listériose dans ce taudis, au milieu de nulle part.

— Vous vous foutez de ma gueule ? demanda-t-il alors d'un ton très calme sans même hausser la voix et en faisant passer plusieurs fois le couteau d'une de ses mains à l'autre.

CHAPITRE 26

Borgo San Lorenzo, ferme de Gianni Moser, 18 mars 2013

— Vous vous foutez de ma gueule, avait-il dit en me fixant droit dans les yeux.

Je ne répondis pas. Avec l'index, il pointa alors le journal qui était ouvert sur l'article consacré au Monstre de Florence.

— C'est pour ça que vous êtes là, affirma-t-il, toujours d'un ton calme et assuré.

J'acquiesçai d'un signe de tête. Il ne servait à rien de jouer avec lui. Il était beaucoup trop intelligent pour cela. Camille semblait pétrifié sur sa chaise, une expression de terreur sur le visage, incapable de parler, même s'il l'avait voulu.

— J'en ai vu défiler des flics et des journalistes, vous savez ? On ne me la fait pas. Vous pensez aussi que c'est moi, poursuivit-il en plantant le couteau dans la table d'un coup sec.

Un nouvel éclair projeta une lumière vive qui se refléta dans la lame. Un gros boum s'ensuivit, trois secondes plus tard. Le cœur de l'orage était proche.

— Oui, je pense que c'est vous, confirmai-je, parce qu'il était désormais inutile de mentir.

— Peut-être et peut-être pas... Vous pouvez penser ce que vous voulez, mais est-ce que vous avez des preuves ? Des empreintes ? De l'ADN ? L'arme du crime ? questionna-t-il, très sûr de lui.

— J'ai une intime conviction.

— Comme beaucoup. Et beaucoup de ceux qui ont cru résoudre l'affaire sont morts aujourd'hui, dit-il en forme d'avertissement, en jouant avec le manche du couteau planté dans le bois de la table et qui oscillait sur lui-même.

Le tic-tac de l'horloge semblait de plus en plus présent. Je n'entendais que ça. C'était obsédant.

— Pourquoi avez-vous massacré ces couples ? demandai-je avec beaucoup de sincérité.

— Je ne suis pas le *Mostro*, mais si je l'avais été, j'imagine que c'est la frustration qui m'aurait poussé à agir. Vous avez vu ma gueule et mon corps ? Pas évident de plaire avec ça, et encore moins à mon âge, maintenant. Vous n'avez pas le même problème, vous. Vous êtes plutôt séduisant. Mais quand on est comme moi, on fait quoi ? On baise des moches, des vieilles ou des putes. Ça va un moment ! Tout le monde a envie de baiser ça, fit-il en désignant de la main l'écran géant.

— Des filles jeunes et jolies ?

— Vous avez envie de sauter des vieilles moches, vous ? Tous les hommes sont pareils. On veut des petits culs, de la chair fraîche. Celui qui vous dit le contraire est un menteur ou un pédé. Des jeunes beautés, on en voit partout. Dans les pubs, les magazines, sur les affiches, dans les films, les séries. On ne voit que ça, des petites salopes bien roulées. Partout. Et je ne vous parle même pas du porno. J'adore regarder des vidéos comme celle-là où des filles de dix-huit, vingt ans se font défoncer par des mecs musclés avec des queues énormes. Ils leur foutent des gifles, des fessées, ils leur pissent dessus, les insultent. Putain, c'est bandant, non ? Mais ça reste des images, ça ! À la place du Monstre, moi aussi à un moment j'aurais eu envie de baiser des gamines parfaites comme ça, comme des chiennes, dit-il en passant sa langue sur ses lèvres.

— Il y a les putes pour ça, non ?

— Les putes, oui, j'y vais de temps en temps, comme je vous ai dit. Mais un gars comme le *Mostro* ne peut pas se contenter de ça. Ça coûte cher, les putes. Je ne peux pas y aller souvent. Et ce sont de vraies connes. Elles nous prennent pour de la merde. Vous leur filez 150 balles et elles vous sucent mollement avec une capote parce que soi-disant votre bite n'est pas propre, et après elles écartent les cuisses et regardent ailleurs pendant que vous les enfilez à la papa. On est loin de ça, non ? poursuivit-il en montrant de nouveau l'écran.

— De ça quoi ? l'interrogeai-je dans l'espoir de l'amener à avouer ses motivations profondes.

— De ça ! De la véritable possession d'une femelle qui ferme sa gueule, qu'on peut baiser par tous les trous, humilier et frapper sans être obligé de lui donner 500 balles. Et c'est encore mieux si on peut le faire devant leur copain, non ? Des types souvent beaux, des types qui plaisent, des types qui nous les volent toutes et qui, d'un seul coup, se retrouvent cocus comme des merdes. Ce sentiment de toute-puissance de leur faire ça avec la gueule que j'ai ! C'est ça qui m'excite, et ça vous excite aussi, n'est-ce pas ? Je parie qu'avant de venir, vous êtes allé voir la scène de crime juste à côté, pas vrai ? Tel que je vous vois, je suis sûr que vous avez même repéré la grange isolée – c'est ma grange d'ailleurs – et que vous avez imaginé y violer la petite de dix-huit ans pendant des heures. On est faits du même bois, vous et moi, affirma-t-il en me prenant au dépourvu.

— C'est pour ça que vous les avez tués, ces couples et ces filles ? éludai-je, en regardant du coin de l'œil Camille qui, blême, était ratatiné sur sa chaise.

Le tic-tac de la pendule me rendait fou. Il frappait dans mes tempes. *Putain d'horloge comtoise !* J'avais envie de l'exploser à grands coups de masse.

— Si vous voulez que je réponde à vos questions, il faudrait commencer par répondre aux miennes. Je vois de la noirceur en vous, jeune homme.

— Oui, je dois admettre que les pratiques extrêmes m'excitent, concédai-je pour le satisfaire et essayer de le mettre en confiance.

— Une belle petite vulve rose et étroite où fourrer sa pine, des seins à peine formés bien fermes à claquer, un petit anus à dilater, c'est ça que nous voulons, pas vrai ?

— Oui, c'est agréable, admis-je ; et donc vous avez pris de force ce que vous ne pouviez pas avoir, c'est ça ?

Il éclata de rire puis mangea une tranche de saucisson en produisant un horrible bruit de mastication. Avec le petit doigt, il délogea un morceau qui était resté coincé dans une de ses dents creuses et le propulsa sur la table, d'une pichenette.

— Je n'ai pris personne de force, moi. Vous, vous avez déjà violé ou tué une fille ? finit-il par demander.

— Je... Non.

— Alors pourquoi moi j'aurais buté ces couples ? Nous avons juste les mêmes fantasmes et nous partageons ces fantasmes avec 90 pour cent des hommes. Ça ne fait pas de nous des assassins. Nous ne sommes pas les seuls, vous savez. Cette vidéo, par exemple, a été vue 27 millions de fois. La petite jeune s'y fait massacrer. C'est du viol rémunéré et tout le monde se branle en regardant. Ça veut dire qu'il y a 27 millions de *Mostri* ? Peut-être, me direz-vous ! Les autres ont simplement peur de passer à l'acte. Mais que feraient-ils s'il n'y avait pas de lois et pas de flics ? Pourquoi pensez-vous que les reportages sur les tueurs en série passionnent les foules ? L'humain porte en lui les gènes de sa destruction, c'est tout, m'opposa-t-il avant de se lever.

— Donc vous n'êtes pas le Monstre de Florence ? insistai-je en scrutant toutes les expressions de son visage.

— Vous imaginez si je l'étais ? Un pauvre type venu de Sardaigne, fils d'une professeure de français et d'un paysan qui inspire Hannibal Lecter ! Un petit vieux qui vit dans une bicoque pourrie mais dont le rôle est joué par Anthony Hopkins ! Ça serait tellement drôle, non ? Bon, ce n'est pas tout ça. J'ai autre chose à faire. Vous connaissez la sortie, conclut-il en nous désignant la porte et en reprenant son couteau en main.

Nous nous levâmes et sortîmes. Il était inutile de discuter davantage, il ne nous dirait plus rien d'important. La pluie avait cessé. L'orage s'éloignait. Lorsque nous fûmes sur le perron, il nous salua et ajouta quand même, en s'adressant à moi :

— Nous sommes pareils, mon petit pote, tu as le diable en toi.

CHAPITRE 27

Borgo San Lorenzo, ferme de Gianni Moser, 18 mars 2013

— Ce type fait froid dans le dos ! Je pense que tu as raison, c'est lui, déclara Camille, la voix tremblante, dès que nous fûmes sortis de la ferme de Moser.

— Oui, c'est lui, aucun doute, confirmai-je.

— Tu as vu les trois boîtes de Viagra sur la table de séjour ? Il est impuissant. Ça colle avec le profil du FBI, ajouta-t-il, blême, au moment où nous remontions dans la voiture.

— Non, je n'avais pas vu, mais ça confirme le profil, en effet, répondis-je en démarrant et en allumant une clope.

— On fait quoi de tout ça ? demanda-t-il.

Camille avait eu la trouille de sa vie, je le sentais. Pour ma part, j'étais serein et même très satisfait. Trouver le Monstre était mon seul objectif. Je n'avais pas plus envie que cela qu'il soit arrêté, et ce que je ne dis pas à mon passager, c'est que j'étais bien décidé à le revoir seul. Devant Camille, je ne pouvais pas me permettre d'avouer au tueur que j'étais sur le point de basculer et de passer à l'acte. Je lui cachais cela depuis très longtemps. Je ne voulais pas qu'il sache. Mais en tête à tête avec Moser, il me serait possible de jouer cartes sur table. Lui aussi avait besoin de se confier, de dire à quelqu'un ce qu'il avait fait et pourquoi il l'avait fait, je l'avais perçu. Revenir ici, deux jours plus tard, pour laisser le temps au tueur de digérer notre première rencontre, voilà ce que j'avais prévu de faire.

— Il faut qu'on ait une totale certitude, et pour ça, il faut qu'on s'assure qu'il est bien le propriétaire de la Golf blanche avec l'autocollant, dis-je pour noyer le poisson.

— Les flics pourraient nous le dire si on le dénonce maintenant, affirma-t-il, la voix toujours chevrotante.

— Les flics n'aiment pas trop qu'on se mêle de cette affaire. Tu as vu ce qui est arrivé à Preston et Spezi ? Quand on ira les voir, il faudra qu'on ait tous les éléments. Pour ça, il faut qu'on soit sûrs pour la Golf. Il a dit que sa bagnole était au garage et je n'ai pas vu de caisse dans la cour de la ferme ou dans la grange. Ça doit donc être vrai. On va attendre qu'il la récupère. On a le temps. Il n'est pas du genre à se barrer à l'étranger juste parce que deux Français sont venus l'emmerder. Il l'a dit, il a été soupçonné plusieurs fois, il a été entendu par les flics et interviewé par de nombreux journalistes. Il n'est pas perturbé par notre visite, crois-moi ! Après quarante ans, il doit éprouver un vrai sentiment d'impunité. Il se croit plus malin que tout le monde (et il l'est peut-être). Donc il ne va pas changer ses habitudes. On va le surveiller, et dès qu'il aura récupéré sa voiture, si c'est la Golf, on balancera tout aux flics, proposai-je.

— OK, fit Camille, un peu dépassé par la situation, en perdant son regard vers les collines qui ceinturaient l'agglomération de Florence, avant de demander : J'en parle à Francesca ou pas ?

— Surtout pas maintenant ! Je sais que tu as le béguin pour elle, mais ça reste une journaliste et je n'ai pas envie qu'elle nous coupe l'herbe sous le pied.

Je ne voulais pas que le Monstre soit arrêté avant que j'aie pu discuter avec lui à cœur ouvert. À ce stade, personne ne devait savoir ce que nous avions découvert.

— Il est vraiment flippant, ce type ! Tu as vu ce regard ! J'avais l'impression qu'il nous transperçait avec ses yeux, putain ! Comme s'il allait lire dans nos âmes, pensa Camille à voix haute.

Il ne savait pas à quel point il avait raison. Moser avait vu le mal en moi. Il l'avait senti de façon instantanée. C'était la première fois que quelqu'un pénétrait mon esprit de la sorte. Qu'une personne comprenait qui j'étais derrière le masque, derrière le rôle de participant palpable que je jouais depuis toujours. Même Kurt et Camille ignoraient tout du feu qui me dévorait. Cela aurait dû me faire peur, mais au contraire, ça me fascinait et me réconfortait. En quelque sorte, le *Mostro* était le seul à m'avoir donné une réalité physique, alors que pour tous les autres, je n'étais qu'un hologramme, une projection de ce qu'ils voulaient que je sois. Je me sentais vivant. Moins seul. J'avais envie de fumer de l'herbe ou de me piquer mais je devais, pour le moment, me contenter de tirer sur ma Marlboro et d'avaler un cachet de morphine. J'allumai l'autoradio et y glissai un CD. *Blew* résonna très à propos dans l'habitacle :

If you wouldn't mind I would like to blew
(Si cela ne te dérange pas j'aimerais décoller)
If you wouldn't mind I would like to lose
(Si cela ne te dérange pas je voudrais perdre)
If you wouldn't care I would like to leave
(Si cela ne t'inquiète pas je voudrais partir)
If you wouldn't mind I would like to breathe
(Si cela ne te dérange pas je voudrais respirer)

Blew était un « cobainisme », l'imparfait de *to blow* (souffler), qui en argot américain était une référence à la drogue. Camille se réfugia dans le silence, choqué par la discussion que nous avions tenue avec Moser. Le soleil avait fait sa réapparition et la température grimpait de minute en minute, à mon grand désespoir. Je transpirais. J'aurais aimé que l'orage dure plus longtemps. Je repensai à ce que le *Mostro* avait dit. Il avait raison. La grande majorité des hommes n'étaient que des animaux prisonniers de leur instinct. Des ordures vicieuses en proie à leurs fantasmes que seules les lois les empêchaient de réaliser. Mais les règles et la législation ne changeaient rien à la noirceur de leur âme. Elles généraient juste une immense frustration (exacerbée encore par la pornographie) et une violence extrême qu'ils libéraient de multiples façons en substitution de leur seule et unique motivation : l'acte mécanique originel, le véritable orgasme procuré par une baise sans limite de toute femelle à leur goût. Alors ils entraient en politique, gagnaient de l'argent pour pallier le manque, devenaient terroristes, écrivaient des romans cathartiques, faisaient la guerre, battaient leurs femmes qu'ils ne désiraient plus ou s'entre-tuaient dans des stades de foot. C'était facile à constater : dès que les mâles se sentaient au-dessus des lois en ayant un peu de pouvoir, ils en profitaient pour agresser tout ce qui possédait une chatte autour d'eux.

L'homme était la pire des saloperies et cela ne changerait jamais. La solution la plus efficace était le suicide, la castration et l'extinction de 95 pour cent de la race. L'alternative était d'accepter notre nature profonde. C'était cette option que j'avais choisie. Il y avait bien sûr une toute petite minorité de mecs différents, Kurt et Camille en faisaient partie, ce qui, à bien y réfléchir, était très paradoxal, dans la mesure où ils étaient les deux personnes les plus proches de moi. Kurt avait bien cerné le problème. Il appelait ça les « ismes ». Il disait que tous les mots en « isme » se répondent, mais qu'au sommet de la chaîne alimentaire trône toujours le macho *corporate*, fort comme un bœuf, irrécupérable. Que les rapports de classes sont déterminés par le sexisme, parce que c'est le mâle qui contrôle tous les autres « ismes ». Que c'est une affaire d'hommes. Il affirmait qu'« il est presque impossible de déprogrammer l'oppresseur mâle génétiquement constitué, en particulier quand il a été biberonné au sexisme de génération en génération, comme les monstres réacs de la NRA et les bâtards de fils à papa *corporate* au pouvoir ». Kurt était un féministe convaincu. Un humaniste déçu qui aimait les femmes et les homos. S'il avait su ce que j'avais en tête, il m'aurait probablement conseillé de mettre fin à mes jours.

— Cette nuit, ça te dérangerait de me laisser la chambre ? lança soudain Camille en se redressant sur son siège alors qu'il pianotait depuis un bon moment sur les touches de son téléphone portable.

— Tu vas passer la nuit avec ta journaliste ? lui demandai-je, juste pour qu'il l'admette, sachant très bien que c'était le cas et que c'était avec elle qu'il communiquait par SMS depuis un petit moment.

— Je ne vais pas te la faire à l'envers, oui, j'aimerais passer la nuit avec elle, et que tu ne débarques pas à l'improviste. Tu peux faire ça pour moi ? demanda-t-il en me fixant.

— OK, répondis-je, ayant de toute façon dans l'optique de me défoncer avec Kurt dans sa chambre.

— Tu me donnes ta parole, Tom ? insista-t-il.

— Putain, oui ! Je ne rentrerai pas dans cette foutue turne avant demain 10 heures ! Ça te va, comme ça ? Tu veux que je te signe une attestation sur l'honneur ? Ce que tu peux être casse-couilles, parfois ! m'emportai-je alors que nous nous garions sur le parking de l'hôtel.

— Tu vas trouver où dormir ? s'inquiéta-t-il.

— T'inquiète pas pour ça. Je trouverai. Marco m'a dit qu'il avait des chambres dispos. Chacun sa vie...

Je laissai Camille prendre l'ascenseur, prétextant une course que je devais faire en ville. J'attendis dix minutes, en bas, en profitant pour fumer, puis je montai à mon tour pour rejoindre Kurt dans sa chambre. Je le trouvai en extase devant des achats qu'il avait faits dans l'après-midi. Il avait des goûts étranges et collectionnait tout un tas de trucs bizarres. Sur le lit, il avait disposé un singe musicien vêtu comme un arlequin, une poupée en porcelaine qui aurait fait flipper n'importe quel gosse, un fœtus en plastique et un objet en caoutchouc qui ressemblait à un long serpent mais n'en était pas un.

— C'est un intestin et un anus ! Ils avaient des vulves dans la boutique, aussi, mais j'ai préféré prendre le fœtus. Il est incroyablement réaliste, t'as vu ? s'enthousiasma-t-il en me voyant.

— Je ne comprendrai jamais tes passions ! lui répondis-je, en regardant cet étalage de conneries inutiles sur le matelas.

— Je ne dois pas être le seul à aimer ça puisque ça se vend, m'opposa-t-il, à raison.

— Nous avons identifié le Monstre, fis-je.

— Sans déconner ? demanda-t-il sans détourner le regard de son intestin fictif qu'il manipulait avec précaution.

— Ouais. Un Sarde. Je m'en doutais.

— Cool, se contenta-t-il de dire, trop occupé qu'il était avec ses jouets.

— Tu me files un shoot ? poursuivis-je en m'allongeant sur le lit à côté du singe musicien.

Il ouvrit le tiroir de sa table de nuit et me passa une seringue d'héro avec une sangle, de façon machinale, comme si je lui avais demandé un Coca ou une bouteille d'eau. Je relevai ma manche, fis le garrot et me piquai. J'avais envie de planer. Le regardant s'amuser avec ses acquisitions, je mis un peu de musique en sourdine. Une playlist aléatoire. Le premier morceau qui se présenta fut *Estranged* des Guns and Roses. J'aimais bien ce titre un peu tranquille au début et qui montait crescendo.

— Dégage-moi cette merde avec sa voix de castrat ! gueula Kurt en fustigeant mon portable du regard.

— T'es chiant, putain ! Tu veux quoi comme morceau ? Ça sera plus simple, lui lançai-je alors que je commençais déjà à décoller.

— Mets-nous l'album *Land of the lost* des Wipers, choisit-il.

La télé était allumée sur une chaîne française, sans le son. De temps à autre, Kurt la regardait de façon distraite. À un moment, un type apparut sur l'écran. Il tenait dans ses mains un livre dont le titre m'échappe et en présentait la couverture.

— Tu peux couper la musique, Tom ? fit Kurt, tout en se saisissant de la télécommande et en augmentant le volume.

Le mec très agité était un pseudo-chroniqueur littéraire. Il donnait son avis, en faisant au passage pas mal de fautes de français, sur ce roman que Kurt avait lu et avait adoré. Il détruisit le bouquin en expliquant que la romancière qui l'avait pondu n'était, en gros, qu'une sombre merde. Cela mit mon ami dans un état d'agacement incroyable. Il était très rare qu'il s'énerve. Quand ça arrivait, ça ne durait jamais bien longtemps, mais c'était d'une grande intensité.

— Connard ! gueula-t-il en faisant un gros fuck en direction de la télévision, avant de zapper sur une chaîne d'info en continu et de se remettre à jouer avec ses acquisitions.

Je commençais à être vraiment *stone* et mes yeux étaient rivés sur l'écran. Un spécialiste de l'environnement parlait du réchauffement climatique, comme souvent. C'était un sujet qui m'horripilait.

— Ils nous cassent les couilles tous ces cons, putain ! On le sait que la planète se réchauffe, et on sait pourquoi, merde ! Il n'y a pas besoin de faire des études bidon pour savoir ça. Le bon sens suffit. Tu verras qu'un jour un connard du GIEC dira que c'est la faute des chevaux, des vaches, des chiens ou des chats ! Les types sont payés à rien foutre et à enfoncer des portes ouvertes ! Ils me font rire avec leurs demi-mesures et leurs alibis. Avec leurs batteries au lithium quand on continue à tout acheter en Chine ou en Russie. Toutes leurs mesures retardent juste l'inéluctable, Kurt ! Et moi j'en ai rien à branler de sauver la 38e ou la 42e génération après nous ! Ça arrivera de toute façon ! Ça se réchauffe depuis la révolution industrielle et l'explosion démographique, point barre ! Donc, y a pas trente-six solutions, y en a trois, bordel ! Faut pas avoir fait Polytechnique ou l'ENA pour le comprendre ! Soit on renonce aux technologies qui polluent. On revit comme en 1900. Plus d'avions, plus de bagnoles, plus de téléphones, plus d'internet, stop à la mondialisation. On favorise l'autarcie. Personne ne le fera. Pas même les abrutis qui se collent à des tableaux de maîtres. Soit on arrête de faire des gosses parce qu'on est trop nombreux. Personne ne le fera. Donc il ne reste qu'une solution : on accepte de défoncer la planète et on nous laisse kiffer. Ça c'est le bon sens, *shit* ! Le reste revient à pisser dans un violon pour se donner bonne conscience ! Je les encule, tous ces connards ! m'emportai-je tout seul avant de constater que Kurt ne m'écoutait pas.

La conclusion de cette journée était que la meilleure chose que l'homme avait à faire était de disparaître. Mais pour le moment, nous étions là. J'attrapai la bouteille de whisky qui traînait sur la table de nuit et en bus la moitié au goulot. Dix minutes plus tard, je planais totalement.

CHAPITRE 28

Ici, maintenant

Les gens me fatiguent, putain ! J'ai l'impression de faire partie d'une espèce de décérébrés. Et ça veut tout, tout de suite ! Ça n'a plus de respect ! Ça commente tout ! Ça pense à la place des autres. Ça veut tout et son contraire. Ça vous chie dans les bottes en permanence. J'ai envie d'éclater leurs crânes à grands coups de batte, de les défoncer comme des merdes pour qu'ils expient leurs fautes, de leur arracher les ongles, d'exploser leurs écrans dont leurs yeux ne se détachent plus. Je n'en peux plus d'entendre toutes ces conneries aux infos, sur les réseaux. De voir tous ces abrutis se prendre pour des philosophes, faire de la politique, avoir un avis sur tout. Se plaindre pour rien. Pauvres petits hommes ! Il fait chaud, il fait froid ! C'est bien, c'est pas bien ! Le climat dont tout le monde se fout. Les guerres qu'on dénonce mais de loin. Les réputations qu'on salit. L'argent. Le climat. Les guerres. L'argent, les guerres, le climat. Rien ne va. C'était mieux avant. Ça sera pire après. Ça sera mieux après, c'était pire avant. Et blablabla et blablabla et blablabla. Tout le monde sait mieux que l'autre. Personne ne fait rien. Fermez vos gueules, bordel ! Ou moi je vais vous les fermer de façon définitive.

Vous portez en vous les gènes de votre propre malheur, de votre propre destruction.

Vous avez réussi à détruire la planète sur laquelle vous vivez. Toujours plus nombreux dans votre boîte de Pétri, à ne rien comprendre, à ne pas vouloir comprendre, vous multipliant à l'exponentielle, à l'aune de votre connerie.

Si je pouvais, je vous tuerais tous.

J'ai honte d'être humain. T'entends ?

J'AI HONTE D'ÊTRE HUMAIN…

Mais je n'ai pas honte de ce que je suis.

CHAPITRE 29

Florence, 19 mars 2013

Vers 6 heures du matin, le vibreur de mon téléphone me réveilla. Je constatai que j'avais vingt-huit appels en absence, d'un numéro inconnu et donc, à coup sûr, de Camille, car il appelait souvent en masqué.

— Ah enfin, tu te lèves ! Ton putain de téléphone ne fait que vibrer depuis des heures et pas moyen de l'éteindre vu que tu dors dessus ! fit Kurt qui était en train de dessiner, assis en tailleur sur le lit à côté de moi.

— C'est Camille, je pense. Je ne sais pas ce qu'il a…, répondis-je en me massant le visage.

J'avais la tête en vrac et un goût de dégueulis en bouche.

— J'ai vomi, cette nuit ? demandai-je d'une voix rauque.

— Ah oui, t'as gerbé et t'as chié comme un goret ! Comme d'hab. J'ai gerbé aussi, t'inquiète, dit-il, pas perturbé et achevant ce qui ressemblait à une planche de BD mettant en scène son personnage fétiche de type à la grosse moustache.

Je me levai pour aller aux chiottes, après avoir gobé une gélule de morphine. Ayant du mal à trouver mon équilibre, je pissai à côté de la cuvette, sur l'abattant et par terre. J'épongeai l'urine chargée, presque marron, avec une serviette de bain que j'attrapai au vol. Je regardai ma gueule dans le miroir. J'avais d'énormes cernes, en plus des bleus qui me défiguraient déjà. Je pris une douche rapide, enfilai un tee-shirt et un survêtement.

— Je vais aller voir ce qu'il a, informai-je Kurt qui ne leva pas les yeux de son dessin.

— OK. À plus, mec, marmonna-t-il.

Dans le couloir, je croisai Marco. Il me salua et s'inquiéta en voyant mon visage tuméfié. Je le rassurai, prétextant une mauvaise chute. J'ignore s'il me crut. J'ouvris la porte de la chambre de Camille. Il ne s'y trouvait pas. J'entrai, ouvris la fenêtre, allumai une clope et l'appelai avec mon portable. Il décrocha aussitôt.

— Putain, tu fais quoi, Tom ? demanda-t-il en gueulant.

— Je dormais. Qu'est-ce qu'il se passe ? Tu es où ?

— J'attends l'ouverture des bureaux du journal de Francesca, répondit-il avec de l'affolement dans la voix.

— Pourquoi ? Tu as l'air à l'ouest, là, fis-je en tirant sur ma clope.

— Elle a disparu, putain ! lâcha-t-il.

— Comment ça, disparu ? Tu ne l'as pas baisée cette nuit ? m'étonnai-je.

— Non. On est allés dans un restau et après le repas, elle m'a dit qu'elle avait un truc rapide à faire pour le boulot. Qu'elle en avait pour une heure et demie maxi. J'ai proposé de l'accompagner mais elle a refusé. Alors je suis rentré à la chambre. Elle devait me rejoindre à l'hôtel vers minuit, mais elle n'est jamais arrivée. J'ai attendu toute la nuit. Je lui ai envoyé des messages, je l'ai appelée, mais je tombe tout de suite sur sa messagerie, déclara-t-il.

— Ben elle t'a peut-être pris pour un con, mec. Elle a eu les infos qu'elle voulait et basta. Je te parie que c'est ça, affirmai-je en regardant la fumée de ma cigarette s'échapper par la fenêtre.

— Ce n'est pas son genre..., protesta-t-il.

— Tu la connais à peine, cette gonzesse, Cam ! C'est peut-être une conne ! N'oublie pas qu'elle est journaliste ! m'agaçai-je face à ce que je considérais comme de la faiblesse, de la naïveté puérile.

— Bordel, Tom, je te dis qu'elle a disparu ! m'opposa-t-il en haussant encore le ton.

— Ouais et alors ? Même si c'était le cas, que veux-tu que j'y fasse ! C'est pour ça que tu m'as appelé vingt-huit fois ? lui reprochai-je.

— Je vais me démerder tout seul. Va chier ! hurla-t-il avant de raccrocher.

Je terminai ma clope que je balançai par la fenêtre. Le mégot manqua d'atterrir sur la casquette d'un touriste japonais, mais termina sa chute dans le caniveau. Je fermai les volets, m'allongeai sur le lit. Je regardai le plafond un petit moment, l'esprit vide. J'étais épuisé et j'avais mal partout. Aux côtes, à la tête, au niveau du nez, à l'estomac et à la gorge et au cul parce que j'avais passé la nuit à gerber et à me chier dessus. Je repris un comprimé de morphine. J'étais en surdosage, je le savais, mais j'aimais bien l'effet procuré. Je me dis qu'il était dommage que ce médoc ne soit vendu que sur ordonnance. Je me branlai vite fait en imaginant sodomiser Isabelle Dereu et l'insulter. *Quelle pute, celle-là !* J'éjaculai dans les draps. Une grosse flaque de foutre épais que j'étalai du mieux possible pour qu'elle sèche plus rapidement. Puis je m'endormis en pensant à la seconde visite que j'avais prévu de rendre à Gianni Moser.

Je fus cette fois réveillé par la porte de la chambre que quelqu'un ouvrit en la faisant claquer. C'était Camille. La lumière qu'il venait d'allumer m'aveugla.

— Je vais avoir besoin de toi, Tom, fit-il alors que j'émergeais.

— Quoi ? Quoi ? Qu'est-ce que tu racontes ? répondis-je, vaseux, avec un goût de merde dans la bouche.

— Elle a vraiment disparu, lâcha-t-il, désespéré.

— Ouais, tu me l'as déjà dit tout à l'heure. Elle va réapparaître, tentai-je de le rassurer, en me redressant sur mes coudes et en cherchant à tâtons la boîte de morphine sur la table de nuit.

— Non mais là j'en suis sûr. Je suis passé au journal. Elle ne s'y est pas présentée ce matin alors qu'elle avait une réunion éditoriale très importante. Ça ne lui arrive jamais. Elle n'a même pas prévenu. Pas même sa meilleure amie qui bosse avec elle. Elle est super inquiète. Comme moi, ils tombent sur son répondeur. Je suis allé voir les flics aussi. Ils m'ont envoyé chier et m'ont dit de revenir demain si elle n'avait pas réapparu. Alors je suis allé chez elle. J'ai récupéré son adresse à son boulot. La porte était fermée. J'ai insisté à un point tel que la concierge m'a ouvert son appartement. Elle n'y était pas. Elle s'est volatilisée, je te dis, m'expliqua-t-il alors que je me levais pour aller aux chiottes.

— Ouais bon, OK, c'est bizarre, concédai-je en pissant porte ouverte.

— Quand on était au restau, on a reparlé de ta conversation avec la prostituée et de la Golf blanche. Elle voulait publier un article en exclu. Elle avait prévu d'en parler à la réunion éditoriale de ce matin, mais son boss était déjà d'accord. Avant de publier, elle m'a dit qu'elle voulait citer ses sources, et donc j'imagine qu'après avoir mangé, elle avait en tête d'aller interviewer la prostituée elle-même. Elle m'a demandé son prénom. Je me souvenais que tu avais parlé d'une Karolina. Je pense que c'est là-bas qu'elle est allée, avança-t-il, la voix tremblante, très agité.

— Oui, c'est possible ; à sa place, j'aurais fait ça, validai-je son hypothèse.

— Il a dû lui arriver un truc là-bas. Ne me mens pas, s'il te plaît : la bagarre qui t'a mis dans cet état, c'était quoi ? me questionna-t-il.

— Les macs de la pute qui n'ont pas apprécié que j'aille mettre le nez dans leur business, avouai-je en enfilant mon survêtement.

— Putain, si elle est allée interroger la fille, ils ont dû lui tomber dessus aussi alors ! s'inquiéta-t-il encore plus.

— Pas impossible, fis-je en chaussant mes baskets.

— Il faut qu'on y aille. C'est où ?

Je ne l'avais jamais vu dans cet état. Il était au bord des larmes. En temps normal, je l'aurais envoyé bouler, mais sa détresse me touchait un peu.

— Il est trop tôt. Ça ne s'anime que vers 20 heures, au parc. Le matin, il ne se passe rien, tempérai-je.

— Il est 17 heures ! répliqua-t-il, me faisant prendre conscience que j'avais dormi une bonne partie de la journée.

— On ne peut pas débarquer comme ça, la bouche en cœur. Ils vont nous massacrer. T'as vu de quoi ils sont capables ? T'as vu ma gueule ? On va faire quelques courses et y aller à trois, tranchai-je en croisant mon regard fatigué dans le miroir.

— À trois ? Quoi à trois ? réagit-il, étonné.

— T'énerve pas, mec, mais Kurt est là, admis-je.

Je m'attendais à une réaction violente de la part de Camille qui ne supportait pas Kurt, mais il n'en fut rien. Il était tellement inquiet pour sa journaliste qu'il accueillit même cette annonce comme une bonne nouvelle.

— Kurt, putain ! Bon OK. Il est dans l'hôtel ? se contenta-t-il de demander.

— Oui, il a une chambre au bout du couloir.

— On va le chercher et on y va ? s'impatienta-t-il en ouvrant la porte pour sortir.

— OK, OK. On y va, confirmai-je en lui emboîtant le pas.

Je passai devant lui jusqu'à la chambre de Kurt que nous trouvâmes en train de dessiner, comme je l'avais laissé le matin même. Il ouvrit des yeux ronds comme des billes en s'apercevant que j'étais accompagné de Camille.

— Enfile tes Converse, on sort ! lui intimai-je sans plus d'explications.

En silence, nous descendîmes par l'escalier jusqu'au parking. Camille monta à l'avant de la voiture. Une fois en route, Kurt nous interrogea :

— On fait quoi là, les mecs ?

— On part à la recherche de la nana de Cam, répondis-je.

— T'as une meuf ici ? interrogea-t-il Camille, qui resta silencieux.

Kurt n'insista pas.

— On va passer acheter deux trois trucs dans un magasin de bricolage, et il nous faut un flingue fictif, déclarai-je.

— J'en ai vu de plutôt bien imités dans la boutique où j'ai acheté mon singe musical, hier. Tourne à gauche, m'indiqua Kurt.

En effet, dans l'échoppe, nous trouvâmes une reproduction plus vraie que nature d'un colt 45 dont nous fîmes l'acquisition, puis en périphérie de Florence, dans une zone commerciale, nous achetâmes un tournevis pointu, des Serflex, du chatterton, quatre cagoules de soudeur noires, un marteau et un paquet de gros clous de bordure longueur 140 millimètres. Enfin, dans une agence *Locauto*, nous louâmes une très puissante Mercedes Classe S AMG aux vitres teintées.

CHAPITRE 30

Florence, parc du Cascine, 19 mars 2013

20 heures. La nuit était tombée. Une nuit noire, sans étoiles ni lune. Les putes étaient arrivées dans leurs camionnettes blanches et commençaient à s'installer le long du boulevard qui bordait le parc. Garés sur le parking, nous observions de loin dans notre Mercedes, moteur en marche. Les macs firent leur apparition quelques minutes plus tard pour contrôler le placement des filles. Je reconnus la bagnole du chef du réseau de l'Est. La BMW Série 5 noire aux vitres fumées.

— C'est eux, fis-je aux autres.

La BM s'arrêta plusieurs fois au niveau des prostituées en place. J'imagine que les proxos donnaient leurs instructions aux nanas. Cela dura une dizaine de minutes.

— On fait quoi ? interrogea Camille qui rongeait son frein.

— On va les suivre. On ne peut rien faire ici, en pleine rue, répondis-je.

Soudain, la BMW s'engagea sur le boulevard principal en grillant un feu rouge. Je démarrai en trombe et l'imitai.

— Ne les perdez pas de vue, les mecs, ordonnai-je en me concentrant sur la route.

Les macs roulaient à vive allure. Je restais à une distance raisonnable pour ne pas être repéré, me fiant à leurs gros feux stop rouges qui s'allumaient lorsqu'ils freinaient brutalement. Les basses de *Ashes to ashes* de Bowie qui passait à la radio en sourdine rythmaient la poursuite. Ils restèrent sur le périphérique un bon moment en direction du nord, avant d'en sortir au niveau de la piazza della Libertà. Ils empruntèrent alors à toute vitesse une série de petites rues. Je faillis les perdre lorsqu'ils tournèrent à gauche dans une voie encore plus étroite, et je ne dois qu'à mon intuition de les avoir retrouvés. La BM était là, garée à moitié sur un trottoir, en face d'un bar qui avait tout d'un coupe-gorge. Les types en étaient descendus. Je me garai juste derrière, phares éteints.

— Tu peux passer devant le bar discrètement et nous dire s'ils sont dedans ? dis-je en me retournant pour m'adresser à Kurt qui était en train de se rouler un joint.

Sans un mot, il sortit de la voiture, alluma son pet' pour se donner une contenance et s'engagea sur le trottoir, se frayant un chemin entre la bagnole des macs et la devanture du troquet. Il jeta un long coup d'œil discret à l'intérieur, poursuivit son chemin sur une dizaine de mètres, traversa la rue et revint vers nous.

— Ils sont à l'intérieur. Ils sont quatre. Il n'y a qu'eux et le patron du bar, dedans, indiqua-t-il en tirant une latte sur son shit.

— Comment est le patron du bouge ? m'informai-je.

— C'est un petit vieux. Il doit avoir quatre-vingts balais.

— Personne d'autre à l'intérieur, à part lui, sûr ? le questionnai-je en enfilant une des cagoules que nous avions achetées dans le magasin de bricolage.

— Personne. C'est tout petit. Il y a le comptoir et trois tables, confirma-t-il.

— OK. Attendez-moi là. Si ça part en couille, appelez les flics, enjoignis-je à Camille et Kurt en me saisissant du colt 45 fictif et du tournevis dont nous avions fait l'acquisition plus tôt.

Je sortis de la Classe S, en fis le tour, ouvris le large coffre que je laissai gueule béante et me dirigeai d'un pas décidé vers le bar. Au passage, je mis plusieurs coups de tournevis dans les pneus arrière et avant droit de la BMW des souteneurs, ce qui produisit un sifflement vite étouffé. Puis j'entrai dans le café en hurlant en anglais et en pointant mon flingue en direction des quatre types :

— Mains sur la tête ! Mains sur la tête !

Je m'avançai très vite pour arriver à leur niveau. L'un des quatre mecs tenta de porter la main à l'intérieur de sa veste où il devait avoir une arme. Je le frappai avec la crosse du colt. Il s'affala sur la table. J'appuyai ensuite le canon sur la tempe du chef de la bande et le forçai à se lever, me plaçant derrière son corps pour qu'il constitue un écran vis-à-vis des autres.

— Si vous bougez, je le bute ! hurlai-je.

Les trois malfrats se regardèrent, ahuris. À reculons, je sortis du bouge. J'entraînai le mac jusqu'au coffre de la Mercedes où je le fis entrer de force, après lui avoir subtilisé l'arme qu'il portait sous son blouson de cuir. Comme il rechignait un peu, je le frappai à la mâchoire et je claquai le coffre. Je remontai dans la bagnole et démarrai sur les chapeaux de roue. Le tout avait duré moins d'une minute.

— Putain, rock and roll ! fit Kurt à moitié défoncé tandis que Camille restait silencieux, pétrifié par la trouille.

Dans le rétroviseur, je vis les trois autres sortir du bar, arme au poing, monter dans leur BMW, démarrer, faire quelques mètres avant de s'arrêter, constatant que leurs pneus étaient à plat. Pour autant, je savais que nous ne devions pas nous éterniser. Nous n'étions pas sortis d'affaire. Très vite, ils appelleraient des complices et ils se mettraient sur notre piste. Ils avaient vu notre voiture et avaient peut-être même eu le temps de noter son numéro de plaque (que j'avais pris le parti de ne pas masquer, estimant que le risque d'être arrêtés par les flics italiens était trop grand). J'empruntai les grands axes jusqu'à l'autoroute, à vive allure. Une fois sur l'A11, je pris la direction de Pistoia pour nous éloigner de Florence le plus vite possible.

— On va où ? demanda Camille, qui sortit enfin de son silence.

— Pour le moment, on roule. Il faut mettre le maximum de distance entre eux et nous, répondis-je en montant le son de l'autoradio pour couvrir le bruit des coups que donnait le mac dans le coffre.

I wanna be your dog des Stooges claqua dans l'habitacle pour la plus grande satisfaction de Kurt qui était un fan absolu d'Iggy Pop et mêla sa voix à celle de l'Iguane, au son de la guitare super brouillon, qui ne connaissait jamais de repos.

So messed up I want you here
(Je veux que tu perdes la tête)
And in my room I want you here
(Et je veux que tu sois dans ma chambre)
And now we're gonna be face to face
(Maintenant on va se retrouver face à face)
And I'll lay right down in my favorite place
(Et je vais aller me coucher dans mon coin préféré)
Now I wanna be your dog
(Maintenant je veux être ton chien)
Now I wanna be your dog
(Maintenant je veux être ton chien)
Now I wanna be your dog

(Maintenant je veux être ton chien)

Sur le GPS, à une trentaine de kilomètres de Florence, je repérai une zone de campagne, au milieu des secteurs urbanisés qui s'étaient développés entre la capitale de la Toscane et Pistoia. Je sortis de l'autoroute à ce niveau, empruntai une nationale, puis une route plus tranquille, avant de m'enfoncer dans un chemin de terre qui bordait une pépinière, à l'abri des regards. Là, je coupai le moteur. Avec Camille, nous sortîmes de la Classe S, cagoulés. Dans la main je tenais l'arme du mac, une vraie, celle-ci. Un Berreta 92 FS. J'ouvris le coffre. Il gueula en anglais avec son accent russe :

— Putain, t'es mort, mec ! T'es mort !

— Sors du coffre, connard, et mets-toi à genoux, mains derrière le dos, lui intimai-je, très calme.

Il s'exécuta. Une fois qu'il fut dans cette position, je lui mis la quatrième cagoule à l'envers sur la tête, de sorte qu'il ne puisse rien voir, puis, à l'aide des Serflex, je lui attachai les poignets. D'un coup de pied en pleine face, je le projetai au sol. Il se débattit. Alors, je le frappai trois fois au niveau du ventre. Il hurla.

— Ferme ta gueule ! ordonnai-je en anglais, en appuyant mon pied sur son visage.

Il se calma. J'attendis un petit moment, le laissant au sol comme un ver. Il faisait pitié. Il n'avait plus la même arrogance que lorsqu'il m'avait tabassé au parc Cascine avec ses sbires. Camille ne parlait pas. Il semblait dépassé par les événements.

— Une fille a disparu hier. Elle est où ? fis-je au mac en négligeant volontairement de parler d'une journaliste (si c'était lui qui l'avait enlevée, nous pourrions le balancer aux flics, mais si ce n'était pas lui, il fallait protéger Francesca Lombardi d'une éventuelle vendetta).

— Vas te faire foutre, enculé ! rétorqua-t-il.

En prenant tout mon temps, j'allais récupérer dans la voiture deux Serflex grand modèle, le chatterton, les clous de bordure et le marteau que nous avions achetés à Florence.

— Tu vas faire quoi ? s'inquiéta Camille tandis que Kurt roupillait à moitié sur la banquette arrière de la Merco.

— Laisse-moi faire, Cam ! Reste dans la bagnole avec Kurt si tu ne le sens pas, dis-je en retournant auprès du mac qui avait réussi à se relever et courait comme un poulet sans tête avant de tomber à plat ventre, après avoir buté sur une pierre.

Il n'était pas allé bien loin. Camille me suivit, n'écoutant pas mon conseil. Je mis deux coups de pied dans les couilles de la crevure pour calmer ses ardeurs. Il émit une sorte de beuglement aigu. Je le fis tourner sur lui-même pour le placer sur le dos, les mains attachées, et je m'assis sur son ventre pour l'immobiliser.

— Alors comme ça tu essaies de te barrer, mon ami ? lui demandai-je en anglais, en parlant tout bas.

— *Fuck!* lâcha-t-il en se tordant de douleur.

Je m'étendis sur ses jambes de tout mon poids pour les maintenir immobiles. Cela ne fut pas chose aisée, car il se débattait comme il pouvait. Je parvins malgré tout à enserrer ses chevilles avec l'un des Serflex *king size* que je serrai au maximum. Je m'allongeai ensuite à côté de lui, soufflai un peu et pris le temps d'allumer une cigarette.

— Voilà, tu ne peux plus bouger, fis-je d'une voix douce en collant ma tête à la sienne.

Je tirai une latte sur ma clope et regardai le ciel. Des étoiles avaient fait leur apparition, mais toujours pas de lune. Où pouvait-elle se cacher ?

— Où est la fille, Yuri ? Tu permets que je t'appelle Yuri ? T'as une gueule à t'appeler Yuri, lui susurrai-je, très calme.

— Va te faire enculer, je t'ai dit ! T'es mort, mec ! Mes gars vont te retrouver et te faire bouffer tes burnes ! vociféra-t-il.

Alors j'écrasai ma clope dans son cou au niveau de la carotide. Il serra les dents et ne pipa mot, pour me montrer qu'il savait souffrir.

— T'es un homme, un vrai toi, Yuri, hein, pas vrai ? continuai-je en prenant en main un clou et le marteau que j'avais posé au sol.

Il resta silencieux. Derrière sa cagoule à l'envers j'imaginais une expression de peur sur son visage. Je m'assis sur ses cuisses, et avec la main gauche, je plaçai le clou sur sa rotule, bloquant dans le même temps son genou. Je frappai avec le marteau sur le clou qui s'enfonça d'un seul coup, perfora l'os, la chair, et ressortit de l'autre côté. Un cri strident perça l'air. Je n'avais jamais entendu un hurlement pareil. Je ne voulais pas prendre le risque d'être repéré, même s'il n'y avait aucune habitation aux alentours. Je retirai tout de suite sa cagoule et lui obturai la bouche avec le chatterton (j'en fis une grosse boule que je lui enfonçai dans la gorge et je scotchai les lèvres). Camille me regardait, horrifié.

— Tu couines comme une gonzesse, Yuri. Sans déconner, tu me déçois, lançai-je, toujours très calme.

Puis je pris l'autre clou et le plantai de la même façon dans la rotule droite, mais en me plaçant cette fois sur le côté. Lorsque la pointe lui éclata l'os, le corps du type fit un arc, comme s'il avait été touché par la foudre. Il émit un grognement très sourd et étouffé, inaudible si on ne se trouvait pas à moins de deux mètres de lui.

— Donc, mon pote, elle est où la fille ? Tu vas me le dire ? Si oui, hoche la tête, petite merde, demandai-je en haussant cette fois un tout petit peu le ton.

Il ne bougea pas. Il ne bougeait d'ailleurs plus du tout. *Il est mort, ce con*, me dis-je. Mais il ouvrit soudain ses yeux bleus perçants. Il était juste tombé dans les vapes quelques secondes. Je réitérai ma question :

— Où est la fille, Yuri ? Si tu veux répondre, hoche la tête.

Il hocha la tête. Je retirai le chatterton qui lui obturait la bouche. Il manquait d'air, je pense. Il prit une inspiration, comme un plongeur en apnée au sortir de l'eau, et dans la seconde qui suivit, il commença à hurler en italien. J'imagine qu'il appelait au secours. Cela me mit hors de moi. Je vrillai. Je le frappai au visage avec mon poing droit plusieurs fois de suite. Son nez éclata. Je lui cassai deux dents. Je repensai à la façon dont il m'avait passé à tabac avec ses complices. Je cognai encore plus fort, jusqu'à ressentir une douleur intense dans la main. Je me levai alors et le cognai avec le talon de façon frénétique, ayant même oublié pourquoi je le torturais.

— Tu vas le tuer, arrête ! fit Camille avec de la terreur dans le regard.

— Tu veux la retrouver ou pas, putain ? répondis-je, en transe.

Je pris un autre clou et le marteau en main et m'accroupis à côté du visage tuméfié du souteneur. Il avait la gueule en lambeaux et pissait le sang. Je plaçai le clou au centre de son front, au milieu du corps de la pieuvre qui y était tatouée. Je frappai une fois. Un coup sec mais contenu. La pointe s'enfonça de quelques millimètres. Je plantai mes yeux dans ceux du mac.

— Alors, elle est où la fille, Yuri ?

Il était terrifié. Plus un mot ne sortait de sa bouche dévastée. Il me sembla même qu'il pleurait. Je tapai une nouvelle fois en retenant mon geste. Le clou commença à percer l'os frontal.

— Yuri ? dis-je une dernière fois, prêt à frapper de nouveau.

Ses lèvres éclatées bougèrent et un mot sortit de sa bouche :

— OK, articula-t-il avec beaucoup de difficulté avant de cracher des dents et du sang en penchant la tête sur le côté.

— Je t'écoute, fils de pute, le pressai-je en maintenant toujours le clou avec les doigts de la main gauche et le marteau, de la droite.

— Quelle fille... putain ? Une... pute ? parvint-il à balbutier, le regard suppliant.

— Non, pas une pute, Yuri. Une gonzesse qui a discuté avec tes filles... Accouche !

— Y a bien... une... journaliste... qui a interrogé... Karolina... Elle est venue... mais elle est repartie... Elle... avait... rendez-vous... avec... un... mec... C'est... d'elle... que...tu parles, mec ? Je te... jure... que j'ai pas vu... d'autre fille... hier... Pitié !... Pitié ! finit-il par lâcher avec une sincérité absolue.

— Rien à foutre de cette journaliste. De quoi tu me parles, Yuri ? T'as vraiment pas vu une autre femme, hier soir ? mentis-je pour protéger Lombardi.

J'armai le marteau et m'apprêtai à frapper encore lorsque Camille retint mon bras.

— Arrête ! Ne fais pas ça ! Il dit la vérité, ça se voit !

— Il mérite de crever ! gueulai-je en essayant de dégager mon bras.

— Et on fait quoi si tu le tues ? On aura les flics au cul ! Laisse-le ! insista Camille.

Je le laissai me prendre le marteau des mains. Je regardai le visage en bouillie du mac avec ce clou planté au milieu du front. Il avait perdu connaissance. *C'est moi qui ai fait ça ?* me dis-je. Je me relevai. Je le poussai avec le pied jusqu'à ce que son corps tombe dans un petit fossé sec qui bordait le chemin de terre. Nous ramassâmes toutes les affaires et remontâmes dans la Mercedes. Kurt s'était endormi à l'arrière. Je démarrai, fis demi-tour, et une fois sur la départementale, je pris la direction de Pistoia sans emprunter à nouveau l'autoroute.

— Tu voulais le tuer, Tom ? Putain, si tu avais vu tes yeux ! Tu m'as fait flipper, mec ! On aurait dit que tu n'étais plus là ! affirma Camille, la voix chevrotante en allumant une clope, les mains tremblantes.

— Je n'étais plus là, Cam. Je n'étais plus là...

La lune avait enfin fait son apparition dans le ciel.

CHAPITRE 31

Paris, 2004

« Tout ça pour ça ! Ce livre est mal écrit, bâclé et sans aucun style. »
Christophe T.

Lorsque je lus cette courte critique faite par un lecteur sur mon troisième roman, la rage monta en moi. Une haine profonde et totale pour ce Christophe T. qui n'avait même pas la décence de signer de son nom complet. Je n'avais qu'une envie : éclater la tête de ce connard avec mes poings jusqu'à les faire saigner.

À ce moment-là, j'étais persuadé d'écrire de véritables chefs-d'œuvre. Je me voyais comme le nouveau Houellebecq, le Bret Easton Ellis français. Mes livres se vendaient plutôt bien et cela me confortait dans ce sentiment d'être un véritable génie. Puis les retours de lecture négatifs se multiplièrent, et dans mon esprit, je devins un artiste incompris entouré de crétins décérébrés, incapables de percevoir mon talent immense. Avec le recul, je sais maintenant que j'écrivais juste de la merde. Et que j'écris encore de la merde. Ces pages que vous lisez en ce moment en sont. N'est pas écrivain qui veut. Dure leçon ! Je suis un pauvre type, je n'ai aucune profondeur et pas de talent particulier. C'est comme ça. On croit pondre des trucs profonds et au final, c'est de la daube qui n'intéresse personne. Désormais, j'ai conscience de mon niveau, et si je devais moi-même chroniquer ces quelques lignes, je dirais ceci :

« Un polar ? Pas vraiment. Un thriller ? Non plus. Une autofiction ? Peut-être. Ce qui est sûr, c'est que ce livre (si on peut appeler ça un livre) se perd dans une intrigue qui n'en est pas une. Le style est très vulgaire, grossier, le fond l'est aussi. À grand renfort de "putain", "merde", "bite", "chatte", l'auteur tente de faire une pâle copie d'*American Psycho*, le talent en moins. C'est raté. Tout à fait raté. C'est mal écrit, bourré de fautes, truffé d'anachronismes. Et si cela s'arrêtait là, ce ne serait qu'un moindre mal ! Mais il n'y a ici aucun message. C'est creux, vide de sens. Psychologie à deux balles même pas digne d'un comptoir. On suit le parcours, l'itinéraire (quelle trouvaille, ce titre !), d'un type totalement misogyne. Certains passages sont très limites et mériteraient même d'être censurés. Un style inexistant, un vocabulaire "pipi, caca" et tout ce qui nous répugne dans le patriarcat. Vous l'aurez compris, c'est nul et dérangeant, de la première à la dernière page où l'auteur tente un *twist* qui ne frôle pas le ridicule mais lui rentre en plein dedans. Il se paie même le culot, au chapitre 31, d'écrire une propre critique très négative de son roman, dans une parodie risible d'autoflagellation, dans l'espoir probable qu'un intellectuel de passage trouve l'idée géniale. De qui se moque-t-on ? Cela en dit long sur la suffisance, la vanité et l'ego du personnage ! À moins qu'il s'agisse de son unique éclair de lucidité ? La seule chose qui sauve un tout petit peu ce "livre" est qu'il est tiré d'une histoire vraie. Cela n'en reste pas moins ma pire expérience de lecture. À fuir ! »

Voilà ce qui mérite d'être écrit sur ce que tu es en train de lire. Ne te fatigue donc pas à le faire. Cela serait pure perte de temps. Et si tu le fais, malgré tout, n'oublie pas que si je suis un piètre romancier, je suis aussi un psychopathe et qu'il est donc très difficile d'anticiper mes réactions. En revanche, si tu as compris qu'il s'agit d'une satire féministe contre les hommes et leur grosse paire de couilles, chapeau, mais tu dois te sentir très seul(e) dans la vie ou t'appeler David Didelot...

CHAPITRE 32

Toscane, 19 et 20 mars 2013

Sur la route départementale qui nous menait à Pistoia, Camille me confia son inquiétude concernant Francesca Lombardi. Comme moi, il était persuadé qu'elle avait été malmenée par les souteneurs russes, mais après l'interrogatoire musclé de celui que j'avais baptisé Yuri, cette piste s'envolait.

— Je sais que toi tu ne peux pas comprendre ça, Tom, mais je te jure que cette fille est très différente des autres. Je me suis tout de suite senti bien avec elle. C'est con à dire, mais j'ai l'impression de la connaître depuis toujours, m'avoua-t-il, très ému.

— Comme dans les films, me moquai-je un peu en profitant de la lumière des phares des voitures que nous croisions pour analyser l'état de ma main droite, très douloureuse et gonflée à cause des coups que j'avais portés.

— Ouais, comme dans les films, si tu veux. Tu peux te foutre de moi, mais c'est la vérité. J'espère qu'un jour tu ressentiras ça pour quelqu'un, toi aussi, poursuivit-il.

Je ne répondis pas, concentré sur ma main et la route. À la radio passait *Damage Goods* des Gang of Four, un groupe de post-punk britannique originaire de Leeds en Angleterre. Le morceau semblait s'adresser à moi qui ne connaissais rien à l'amour et pour qui les relations entre un homme et une femme se résumaient au sexe (brutal, de préférence) depuis très longtemps.

Your kiss so sweet
(Tes baisers si doux)
Your sweat so sour
(Ta sueur si aigre)
Sometimes I'm thinking that I love you
(Parfois je me dis que je t'aime)
But I know it's only lust
(Mais je sais que c'est seulement de la luxure)
The sins of the flesh
(Les péchés de la chair)
Are simply sins of lust
(Sont simplement des péchés de luxure)
Sweat's running down your back
(Des gouttes de sueur descendent de ton dos)
Sweat's running down your neck
(Des gouttes de sueur descendent de ta nuque)
Heated couplings in the sun
(Baise torride au soleil)
[Or is that untrue?]
[Ou n'est-ce pas vrai ?]
Colder couplings in the night
(Baises plus froides dans la nuit)

Pourtant, même si je ne comprenais pas ce que Camille me décrivait, je l'enviais, à ce moment précis. Des bribes de souvenirs « heureux » de mes relations de jeunesse me revenaient, tout de suite emportées par d'autres réminiscences douloureuses de ces mêmes relations. Moi aussi j'aurais aimé ressentir ce qu'il vivait avec cette journaliste.

— C'est qui le type qu'elle devait voir après avoir interrogé la prostituée ? Tu penses qu'elle a pu aller voir Gianni Moser ? s'interrogea-t-il à voix haute.

— Non, je ne crois pas qu'elle y soit allée comme ça, en pleine nuit. C'est toi le mec qu'elle devait rejoindre, Cam. À l'hôtel. C'est ça qu'elle a voulu signifier à la pute. Ça veut dire qu'il lui est arrivé un truc entre le parc du Cascine et l'hôtel. Elle a peut-être eu un simple accident de bagnole. T'as pensé à appeler les hôpitaux ? suggérai-je en allumant une clope.

— Ouais, je les ai tous appelés, confirma-t-il.

— Les cliniques aussi ? poursuivis-je.

Il hésita un moment.

— Pas les cliniques, non, regretta-t-il.

— Elles ont aussi des services d'urgence. Si elle a eu un accident, je suppose que c'est comme en France : ils t'emmènent vers les urgences les plus proches, déclarai-je en ouvrant ma fenêtre pour balancer mon mégot.

— Je vais les contacter, affirma Camille en se saisissant de son téléphone portable, prêt à appeler, alors qu'il était presque minuit.

— Attends demain matin, mec. La nuit, tu ne risques pas d'avoir l'info, mentis-je, ayant une idée derrière la tête.

— Ouais, fit-il alors que Kurt se réveillait à l'arrière.

— On est où, les mecs ? Il est où l'enfoiré de mac ? demanda-t-il en se frottant le visage avec les mains.

J'avais une envie folle de prendre un shoot ou de sniffer un peu de coke, mais je ne pouvais pas le faire devant Camille qui ne supportait pas ça. À la place, je pris un comprimé de morphine dans la poche de ma veste et le gobai.

— T'inquiète, Kurt, on a géré. Tu ferais pas tourner un petit pet' ? enchaînai-je.

En temps normal, Camille aurait réagi au quart de tour. Il considérait que Kurt me tirait vers le bas, qu'il était une pharmacie ambulante et un catalyseur à mes tendances à l'autodestruction. Là, il n'ouvrit même pas la bouche. Rien n'avait plus d'importance pour lui que de retrouver Francesca Lombardi. Kurt roula un joint, l'alluma et me le passa tout de suite. Je tirai dessus.

— La vache, mais c'est Gang of Four à la radio ! Ils sont bons dans leur programmation, les Italiens, putain ! Monte le son, Tom ! s'enthousiasma le passager à l'arrière.

Et je montai le volume de l'autoradio.

Une fois dans la banlieue de Pistoia, nous garâmes la Mercedes dans une rue sombre, en nous assurant qu'il n'y avait pas de caméras de surveillance aux alentours. Nous sortîmes de la voiture en laissant les clés à l'intérieur. Le lendemain, nous la déclarerions volée pour éviter que les types de Yuri puissent remonter jusqu'à nous, s'ils avaient noté le numéro de plaque et avaient eu l'idée de se rendre à l'agence de location. Nous marchâmes ensuite trois bons kilomètres jusqu'à une gare où nous appelâmes un taxi pour qu'il nous ramène à Florence. La route du retour, à bord d'un Fiat Multipla hors d'âge, se fit dans le silence. Kurt somnolait contre la vitre et Camille, je le vis, continuait à envoyer des SMS désespérés à sa journaliste. Il me faisait pitié, mais dans le même temps, j'avais, je l'admets, mal pour lui et envie de retrouver cette fille, juste pour qu'il ne souffre plus. Il était, je vous l'ai dit, l'une des seules personnes pour qui je ressentais un peu d'empathie. En arrivant à l'hôtel, je décidai de dormir dans la chambre de Kurt, avec pour projet de me défoncer.

— Demain matin, je te propose de nous séparer, Cam. Toi, appelle les cliniques. Kurt et moi on va chercher de notre côté. On retournera peut-être voir les flics. On sera plus efficaces si on se sépare, décrétai-je avec la même idée en tête que celle que j'avais sur la route de Pistoia : retourner voir Gianni Moser, et m'entretenir avec lui seul à seul, qu'il soit ou non lié à la disparition de Francesca.

CHAPITRE 33

Herblay-sur-Seine, collège Stanislas Vilar, septembre 1993

Le bâtiment de briques rouge orangé était tout neuf. Sa construction avait pris fin à peine quelques semaines plus tôt, au beau milieu des champs dans lesquels des vaches laitières passaient leurs journées à brouter. Il comportait deux ailes. L'une était dédiée aux salles de classe qui s'étalaient sur une centaine de mètres de longueur sur deux étages, et l'autre abritait le restaurant scolaire au rez-de-chaussée et la bibliothèque, au second niveau. Devant l'édifice, sur la gauche lorsqu'on regardait la façade, on trouvait le garage pour les deux-roues, vélos ou mobylettes. Sur le parvis constitué de pavés autobloquants de couleur rose pastel, une foule d'élèves se massaient après l'été plutôt caniculaire de cette année-là.

Dans la Peugeot 205 GTX bleu ciel conduite par mon père, du haut de mes treize ans, je n'en menais pas large. L'année précédente, j'étais scolarisé dans un autre collège de la ville et je craignais d'affronter les autres qui se connaissaient déjà, de façon très probable. Vilar avait, en effet, été construit pour remplacer Victor Hugo et moi, je n'étais pas de Victor Hugo. Je devais à mes parents ce déracinement. Ils projetaient pour leur fils unique des études longues, et ils voulaient le meilleur en matière d'enseignement. Or, avant même son ouverture, la réputation de Vilar le plaçait déjà à la première place des établissements du département. Pour y entrer, il fallait un dossier béton. Mon géniteur avait dû user de toute son influence pour m'y faire admettre, et s'il n'avait pas été à la tête d'une grosse administration dont le nom m'échappe, je n'aurais eu aucune chance. En juin, j'avais donc fait mes adieux à mon ancien collège, à mes camarades de classe que je connaissais depuis la maternelle, et à Alexandra Haeck dont j'étais éperdument amoureux. La déchirure fut grande et elle m'avait fait passer un été désastreux, écrasé par une chaleur infernale et découvrant pour la première fois ce spleen qui n'allait plus me quitter. J'avais passé les mois de juillet et d'août à écouter des chansons tristes dont je ne comprenais pas toutes les paroles, mon walkman faisant tourner en boucle la reprise de *Something* de Joe Cocker, *Jealous guy* de John Lennon, et, surtout, tous les titres des albums *Nevermind* et *In Utero* de Nirvana, groupe dont j'étais fan absolu. Je n'avais vu personne, pendant ces vacances. J'avais peu d'amis, et ceux que j'avais s'étaient déjà éloignés, anticipant de façon inconsciente mon départ du bahut comme une séparation définitive qui sonnait le glas de notre relation. J'avais bien essayé de croiser Alexandra Haeck en allant balader mon chien, Skoll, tous les matins de juillet, mes écouteurs en mousse sur les oreilles, *Lithium* à fond, en passant devant chez elle dans l'espoir qu'elle soit dehors.

I'm so lonely, but that's okay
(Je suis si seul, mais c'est pas grave)
I shaved my head
(Je me suis rasé la tête)
And I'm not sad
(Mais je ne suis pas triste)
And just maybe I'm to blame

(Et peut-être qu'on peut me reprocher)
For all I've heard
(Tout ce que j'ai entendu)

Mais je ne l'avais pas croisée et cela renforça mon spleen que même le mois d'août passé sur la Côte d'Azur dans une station balnéaire très chic où nous avions nos habitudes avec mes parents n'avait pas réussi à apaiser. Cette année 1993 marqua la fin de l'enfance pour moi.

Dès le premier cours, j'avais identifié la bande qui allait devenir mon référentiel pour un an. Ludivine Maes, la petite bombe trop maquillée dans ses jeans amples et délavés. Ses Converse noires. Ses cheveux blond cendré coupés au carré. Sa bouche pulpeuse et ses seins généreux sous ses pulls Poivre Blanc. Le rouge à lèvres qu'elle mettait en cachette dans les toilettes parce que ses parents étaient Témoins de Jéhovah. Ses lunettes qu'elle ne portait pas souvent. Les poils qu'elle nous avait dit avoir à la chatte et qui faisaient d'elle un être sexué. Ses Camel. La salope de service.

Aymeric Cardon et sa longue tignasse. Son corps musclé et souple. Sa pointe de vitesse en athlétisme. Son talent au tennis. Ses parents bien plus jeunes que les miens. Sa maison dans un lotissement. Son côté cool. Sa tchatche. Sa moto. Son nez épaté et son haleine qui puait. Ses Lucky Strike. Le dragueur androgyne qui disait être mon ami (parce que je lui filais mes devoirs maison).

Sébastien Claudel, le beau gosse de la classe. Ses abdos, son torse taillé, sa bouche de traviole à la Stallone. Son sourire américain. Son aisance. Ses imitations des tubes à la mode. Son teint bis. Ses performances en gym, au cheval d'arçon ou à la barre asymétrique. Son attitude de branleur. Ses yeux perçants. Ses fringues de marque. Levis, Chevignon, Creeks, Redskin. Sa veste en cuir. Sa bite dont tout le monde parlait. Ses Marlboro. Le queutard.

Isabelle Dereu. Ses longs cheveux bruns. Ses jupes fluides ou ses jeans moulants. Son corps parfait toujours bronzé même en hiver. Ses Bensimon. Son blouson beige. Son regard de chat. Ses petites lèvres charnues. Ses clopes au menthol. La pute libérée.

Tout le monde voulait ressembler à ces quatre-là. Et puis il y avait les autres. Les Christophe Vantigem, les Pierre-Hubert Rozon, les Alexandre Lablette, les Céline Tighem, le reste de la classe qui grenouillait autour des quatre fantastiques pour essayer de grappiller quelques miettes de gloire. Enfin, il y avait moi. Moi qui savais déjà que tout cela était éphémère et n'avait aucun sens. Moi qui étais plutôt mignon dans mes tee-shirts à l'effigie de Nirvana, même s'ils juraient avec les pantalons de velours que ma mère me forçait à porter parce que ça faisait moins négligé qu'un jean. Moi qui ne fumais pas encore. Moi qui observais tout sans participer à rien. Moi qui avais les meilleures notes. Moi qui ne sortais pas. Moi que rien n'intéressait à part me taper Ludivine ou Isabelle.

Durant l'été, avant la rentrée, Sébastien Claudel avait baisé Isabelle Dereu. Je le savais avec certitude parce qu'ils en avaient parlé sans aucun complexe devant moi. « Tu as aimé quand je t'ai enculée, hein ? » lui avait-il demandé un midi de façon cash, dans la file d'attente qui menait au restaurant scolaire. J'étais juste derrière eux. Elle avait répondu par un sourire qui voulait tout dire. Je m'en souviens comme si c'était hier. Je m'en souviendrai toujours. À cet instant, je les avais enviés. Ils étaient tellement beaux tous les deux et ils avaient une vie sexuelle bien plus passionnante que mes pauvres branlettes quotidiennes et les quelques mains au cul volées que je mettais dans la cour de récréation. Je m'étais masturbé un nombre incalculable de fois en rêvant que c'était moi qui la sodomisais. J'imaginais que Claudel et Dereu resteraient toujours ensemble. Qu'ils étaient le couple modèle, ce couple qu'on nous vendait dans toutes les séries télé américaines de l'époque. Rien ne semblait pouvoir leur arriver.

Et puis ils s'étaient quittés, en décembre. Sans heurts, sans cris, sans pleurs. Même dans la défaite, ils restaient des vainqueurs insubmersibles.

Seb s'était mis à sortir avec Ludivine, l'autre bombe sexuelle de la classe, et Isabelle avait commencé à baiser avec tous les mecs du collège, passant de l'un à l'autre, au vu et au su de tous. Elle roulait des pelles avec la langue dans les couloirs, suçait des queues dans les chiottes et se faisait mettre chez elle, le mercredi. Je l'avais entendue dire qu'elle voulait se faire un maximum de types. Elle n'en avait pas honte. Tout y passait. Les gros, les moches, les vieux, les cancres et même un prof. Et moi ? Et moi, putain ? Moi, je n'avais jamais dragué une fille. L'échec et le rejet me terrifiaient beaucoup trop. Mais un jour, j'avais appris qu'elle s'était fait baiser par Christophe Vantigem, un véritable abruti à la limite de la normalité et d'une laideur absolue, et cela m'avait décidé à tenter ma chance...

CHAPITRE 34

Borgo San Lorenzo, ferme de Gianni Moser, 20 mars 2013

Nous nous garâmes dans la cour de la ferme de Moser très tôt, à 8 heures du matin. Dehors, un brouillard épais recouvrait tout. J'avais demandé à Kurt de m'accompagner. Celui dont j'étais persuadé qu'il était le *Mostro* pouvait se révéler très dangereux, et dans le cas où cela tournerait mal pour moi, je préférais avoir du renfort à proximité.

— Tu restes dans la bagnole avec ton téléphone. Si j'ai le moindre souci, je t'envoie un SMS que j'ai écrit au préalable. Tu appelles les flics et tu rappliques. C'est bon pour toi ? lui donnai-je pour instructions.

Il acquiesça en levant le pouce de la main droite. Il n'avait posé aucune question. C'est ce que j'aimais le plus chez Kurt. Il me suivait n'importe où sans rechigner. Seul, je me dirigeai vers la porte d'entrée. Je frappai. Un chien aboya, ce qui m'étonna, car je n'avais vu aucun clébard à l'horizon, lors de ma première visite avec Camille. Quelques secondes plus tard, Moser ouvrit. Il était nu.

— Ah c'est vous ! Je me doutais que vous reviendriez. Entrez ! fit-il sans aucune gêne, la queue à l'air.

Il me précéda dans le séjour où un semblant de ménage avait été fait. Les bouteilles d'alcool vides qui traînaient au sol avaient été ramassées. Les papiers qui s'empilaient sur la table, rangés. Le corps de Moser était repoussant. La nudité mettait encore plus en évidence sa petite taille et son ventre proéminent zébré de vergetures. Il avait des poignées d'amour disgracieuses qui formaient comme une bouée autour de sa taille. Sa pilosité très développée sur le torse et dans le dos lui donnait des allures de phacochère. Ses jambes très fines ne cadraient pas avec le reste. Je constatai que les ongles de ses pieds répugnants, taille 38 au maximum, étaient longs et noirs. Tout ceci tranchait avec sa manière assez classe de s'habiller que nous avions pu constater la première fois. À croire que tout son corps reflétait la pourriture de son âme.

— Asseyez-vous. Je vous sers un café ? proposa-t-il en se grattant les couilles avant de renifler ses doigts.

J'acceptai, non sans crainte. Ce type était tout à fait capable de foutre un comprimé de cyanure dans ma tasse, je n'avais aucun doute là-dessus.

— Je ne vais pas vous empoisonner, ne vous inquiétez pas, fit-il avec ce sourire narquois qui ne le quittait jamais, comme s'il avait deviné ma peur.

Ce type vous donnait tout de suite le sentiment de rentrer dans votre esprit, de lire dans vos pensées. Même pour moi, c'était glaçant. Il se dirigea vers la cafetière et servit deux cafés qu'il ramena à table. Au milieu d'une touffe de poils pubiens grisonnants et ressemblant à du crin, je distinguai sa queue minuscule, semblable à celle d'un gamin de dix ans. Il le remarqua.

— On est loin des gros zobs des Blacks dans les pornos, hein ! Je ne peux pas faire beaucoup de mal avec ça, vous en conviendrez, s'amusa-t-il, sans aucune pudeur.

À son tour, il prit place sur une chaise, me faisant face.

— Alors de quoi on parle, Thomas ? C'est bien Thomas votre prénom ? demanda-t-il.

J'opinai.

— On parle de vos tendances sociopathes, de votre vice ? poursuivit-il avant de porter la tasse à ses lèvres.

Je dois l'avouer, il me prenait au dépourvu.

— Vous pouvez fumer si ça vous détend, ajouta-t-il d'une voix très calme, ce putain de petit sourire aux lèvres.

J'allumai une clope de façon machinale. Je tirai sur le filtre pour remplir mes poumons de fumée, que je recrachai par le nez. C'est à ce moment que j'entendis le maudit tic-tac de l'horloge comtoise. J'avais réussi à faire abstraction de ce foutu bruit, jusque-là.

— On parle de mon vice et du vôtre, me décidai-je à répondre, pas serein (alors que j'attendais cet instant depuis des lustres), conscient d'être dominé mentalement par le Monstre.

— Mon vice ? Le vice de tous les hommes, vous voulez dire, on en a déjà parlé, objecta-t-il en me fixant de ses yeux clairs et perçant.

— Comment en êtes-vous arrivé à tuer ? Je veux juste savoir. Je ne vais pas vous balancer aux flics, je n'en ai rien à foutre de ce que vous faites, et je suis venu seul, sans mon ami rabat-joie. Je n'ai pas de micro. Je peux me mettre à poil si vous en doutez. Je suis là pour parler sans filtre. Car oui, je pense être comme vous et à la limite de basculer, me lâchai-je d'un seul coup parce que je devais le faire.

— C'est marrant, ça, moi aussi j'avais un ami garant de la morale, comme vous. Ça fait plus de quarante ans que je ne l'ai pas vu. Quand on est comme nous, ça isole. On finit seul. Que dire ? Si j'étais un tueur, qu'est-ce qui aurait expliqué mon premier passage à l'acte ? Bonne question. J'imagine qu'il y aurait eu un élément déclencheur. Une rupture, peut-être. Ou une humiliation subie de la part d'une femme. Une femme qui se fait baiser par la terre entière et qui se moque de ta petite bite molle, alors que toi, t'es amoureux d'elle. Et puis, un soir d'ivresse, pétri de douleur, on commet un premier crime, par rage. On croise un couple qui baise, par hasard, dans la campagne. C'est une nuit sans lune. On est armé parce que se balader seul dans le noir, c'est dangereux, et on ne sait jamais ce qui peut se passer. On les regarde. Elle le suce. Il a une grosse queue épaisse. Elle a de beaux cheveux. Elle a ses énormes nibards à l'air juste sortis de son soutien-gorge. On a beaucoup d'alcool dans le sang. C'est quoi, appuyer sur une gâchette, je vous le demande ? Ça prend une seconde, c'est un geste anodin, pas plus compliqué que de déclencher une chasse d'eau. Vous êtes là, vous hésitez. Le type vous voit. Il se fout de vous. C'est un de ces mâles dominants avec son gros sexe et ses grosses couilles. Un de ceux qui baisent toutes les salopes que vous n'aurez jamais. Il rit, cet enculé. Se moque. Le tir part. Une seconde. Ça dure une seconde. Boum ! Même pas le temps de le dire. C'est fait. Tout bascule en une petite, une minuscule seconde. Et après, que faire ? La vitre a volé en éclats. Le type n'est pas mort, mais il a reçu une balle dans la tête. Il ne sourit plus. Il pisse le sang. La fille gueule. Des hurlements de truie. Elle vous a vu. Elle va vous dénoncer, c'est certain. Alors quoi ? On tire à nouveau. On tire le nombre de fois qu'il faut pour qu'il n'y ait plus de bruit et plus de témoins. Puis on repart dans la nuit, comme si de rien n'était. Les jours passent. On s'attend à voir débarquer les flics chez soi. Mais ils ne viennent pas. Plus le temps avance, plus on se sent fort. Et on s'aperçoit que c'était tellement excitant de voir leur cervelle exploser, de leur fermer leur gueule. On a pris du plaisir comme jamais. Qui n'aime pas prendre du plaisir ? Personne. Et du plaisir sans conséquence : on n'est pas venu vous arrêter. Vous êtes libre comme l'air. À partir de là, j'imagine qu'on n'a plus qu'une idée en tête : recommencer. Ressentir à nouveau ce plaisir, cet orgasme que rien n'égale. Alors on se prépare mieux. On mûrit un scénario idéal.

On fantasme. On se branle un nombre incalculable de fois en visualisant la scène d'avance. On imagine forcer le mec à regarder comment on encule sa copine devant lui avec un gros zob, comme dans les vidéos porno. On se voit avec une bite de trente centimètres et humilier le type, même quand on a un sexe tout petit comme le mien. On essaie de penser à tout pour ne prendre aucun risque. Et on attend le bon moment. On patiente longtemps et ça finit par arriver. Voilà, quoi... Si j'étais un tueur, c'est comme ça que je pense que ça se serait passé. Ça aurait basculé en une fraction de seconde. La vraie question que vous devez vous poser n'est pas « comment on bascule ? », mais « comment toute cette merde s'est accumulée dans ma tête pour que dans cette fraction de seconde, je choisisse d'appuyer sur la gâchette ? ». On ne devient pas un tueur quand on tue la première fois, on l'est bien avant. Comme une machine prête à l'emploi, on attend juste que quelqu'un ou quelque chose appuie sur le bouton « *on* » et c'est parti, déclara-t-il sur un ton très calme, de façon monocorde, sans aucune émotion dans la voix.

Je l'écoutais, essayant de faire abstraction du tic-tac sans y parvenir.

— C'est exactement comme une cigarette, affirma-t-il, en pointant de l'index la clope que j'étais en train de fumer. C'est la première qui fait de vous un fumeur. Pourquoi vous avez fumé la première ? C'est ça la vraie question. Qu'elle a été votre faille pour tourner la molette du briquet ? Parce qu'une fois que cette saloperie a encrassé vos poumons, vous ne pouvez plus rien faire. Vous êtes accro. Vous avez pris le risque d'attraper un cancer ou de faire une crise cardiaque. Alors une de plus, ça change quoi ? Et les cigarettes s'enchaînent. Comme les cadavres. C'est la même chose. Une simple addiction, avec des conséquences différentes. D'ailleurs, moi je préfère aller un jour en prison que d'être rongé par le cancer, pas vous ? Ma vie m'importe plus que celles des autres. Si les gens se posaient cinq minutes pour réfléchir à ça, il y aurait plus de tueurs et moins de fumeurs, croyez-moi, poursuivit-il en riant.

— Oui, et un tueur en série fait aussi moins de morts qu'un milliardaire qui se déplace en jet privé, ironisai-je. La seule différence, c'est que ce que vous faites est puni par la loi et banni par la morale collective. Ça fait une sacrée différence, non ?

— Aucune, quand on est sociopathe comme vous et moi. Les lois sont faites par d'autres humains, et l'humain, vous savez ce que j'en pense, je présume... Je chie à la gueule de l'être humain. Il m'indiffère, avec sa morale à deux balles. Pourquoi notre morale serait plus idiote que la leur ? Pourquoi les pétroliers, les riches et les chefs d'État pourraient faire des centaines de milliers de victimes de guerre ou écologiques, en toute impunité, pour le pouvoir et le fric, et pourquoi nous, nous ne pourrions pas tuer trente ou quarante personnes juste pour notre plaisir personnel ? Ça veut dire quoi ? Que le pouvoir et l'argent dans l'échelle de la morale sont supérieurs au plaisir ? Cela en dit long sur notre société ! Si tout le monde était blanc comme neige, je pourrais comprendre, mais là... En fait, nous sommes un leurre qui cristallise toute la haine d'une morale qui ne sert qu'à dédouaner bien pire que nous. Encore une fois, je pourrais vous dire tout ça si j'étais un tueur, hein, conclut-il en se foutant ouvertement de moi.

CHAPITRE 35

Herblay-sur-Seine, collège Stanislas Vilar, janvier 1993

Ce matin-là, mon père m'avait déposé devant le collège et il avait laissé traverser Isabelle Dereu devant la 205 GTX bien qu'elle ne fût pas engagée sur un passage piéton. « Elle est mignonne, elle », m'avait-il dit. Je n'avais pas réagi, me contentant d'un grognement de gêne. Je n'aimais pas parler de sexualité avec mon vieux. Pas vraiment par pudeur, mais surtout parce que je n'avais rien à raconter, à part mes séances d'onanisme quotidiennes. Isabelle portait une longue jupe fluide et plissée dans les couleurs bordeaux, une paire de Doc Martens montantes, sa veste écrue en jean ouverte sur un chemisier blanc et un foulard en soie synthétique bleu aux motifs fleuris. Ses longs cheveux bruns cascadaient dans son dos. Elle souriait. La veille, je m'étais décidé à tenter ma chance, et j'avais pris le compliment fait par mon père comme un signe et un encouragement à le faire.

Dereu était fan de Depeche Mode et de Patrick Bruel. Son film préféré, *Dirty Dancing*, comme pour toutes les filles à l'époque. Patrick Swayze incarnait son fantasme ultime (son fantasme ultime était mort en 2009, tout a une fin). Elle fumait. Elle baisait avec tout le monde sans capote et elle s'était fait sodomiser par Sébastien Claudel.

Voilà ce que je savais d'elle et cela me suffisait. De façon intrinsèque et même avec vingt ans de recul, je m'estimais beaucoup plus beau et plus intelligent que Christophe Vatigem. J'étais donc presque sûr de l'avoir.

Je me souviens avoir attendu le cours d'allemand pour l'aborder. Assis au deuxième rang, je me trouvais juste derrière elle placée au premier. Le prof, un gros con barbu du nom de Behal, n'était pas encore arrivé. Elle se retourna. Je la captai du regard. « Tu sais qu'on a les yeux exactement de la même couleur ? On devrait sortir ensemble. », avais-je lancé de façon très maladroite, persuadé qu'elle dirait oui. Elle s'était tapé la terre entière, merde ! À mon tour, maintenant !

« Tu rêves ! », avait-elle répondu, très froide, tout en se retournant sur sa chaise alors que Behal rentrait dans la classe. J'étais resté figé plusieurs minutes, humilié, blessé. Je valais donc moins que Pierre-Hubert, moins que Vatigem, moins que tous les connards dotés d'une queue de ce collège de merde ! J'avais fixé son dos, sa nuque avec une seule envie en tête : lui fracasser le crâne sur sa table pour lui faire payer l'affront qu'elle venait de me faire. Pendant quelques mois, j'avais arrêté de me branler en pensant à elle.

Et puis était venu le voyage en Angleterre. Dans les jours qui avaient précédé notre départ pour une semaine chez nos correspondants, Isabelle Dereu avait commencé à sortir avec Aymeric. Ils n'avaient pas encore baisé, mais Cardon m'avait dit qu'il profiterait du déplacement scolaire pour se la faire. Je considérais Aymeric comme mon meilleur ami (ce qui était à relativiser, car l'amitié n'était qu'une vague notion, pour moi) et j'étais fou de jalousie, même si je n'en montrais rien. Dans le bus qui nous emmenait vers Calais où nous devions prendre le ferry, je m'étais installé juste derrière eux, à côté de Sébastien Claudel. Ils s'étaient roulé des pelles, s'étaient caressés. Je pouvais les voir grâce à l'espace assez large entre leurs deux sièges. En les regardant, mon walkman sur les oreilles, j'écoutais en boucle *Rape me*, de l'album *In Utero* :

Rape me
(Viole-moi)
Rape me my friend
(Viole-moi, mon ami)
Rape me
(Viole-moi)
Rape me again
(Viole-moi encore)
I'm not the only one
(Je ne suis pas le seul)
I'm not the only one
(Je ne suis pas le seul)

Dans ce bus rempli d'ados, ça puait la transpiration, les rots de chips au bacon et le pet. Le chauffeur avait d'abord mis la radio. Parfois, à travers mon casque, je pouvais entendre les morceaux diffusés. *Wonderful life* de Black, *Live to tell* de Madonna, *U can't touch this* de MC Hammer, *Hunting high and low* de a-ha, *A question of lust* de Depeche Mode, *Who wants to live forever* de Queen, *What is love* de Haddaway, *L'autre Finistère* des Innocents. Des tubes que je trouvais ringards, à l'époque, et qui ont aujourd'hui la saveur du passé. Puis le conducteur avait lancé un film, à la demande presque générale, *58 minutes pour vivre*, le deuxième volet des *Die hard*. À un moment, Cardon lui avait massé la chatte à travers son jean. Il y avait ensuite glissé la main pour la doigter un peu mais elle l'avait repoussé, de crainte que quelqu'un les voie (les profs étaient installés à l'avant et se retournaient souvent). Putain que j'avais envie de renifler les doigts d'Aymeric ! Je n'avais aucune idée de ce à quoi pouvait ressembler l'odeur d'une chatte, mais je savais déjà que cela me plairait. Au bout d'une heure de route, il s'était endormi sur ses genoux, après l'avoir embrassée.

Peu de temps après, Claudel, qui était assis juste derrière elle, à côté de moi, fit passer ses bras par-dessus le fauteuil et commença à lui caresser les cheveux puis le front, le visage et la bouche, avec beaucoup de lenteur et de sensualité. Je pensais qu'elle le repousserait, mais elle se laissa faire, entrouvrant les lèvres et, quelques secondes durant, lui suçant l'index comme elle aurait sucé une bite. Elle poussa même de petits gémissements à peine perceptibles (mais je les entendis). Les mains de Seb descendirent ensuite jusqu'à sa poitrine et ses doigts glissèrent sous son soutien-gorge. Il lui pelotait les seins, putain ! Elle pencha la tête sur le côté et nos regards se croisèrent. Elle me fit un sourire. Pas un sourire gentil. Un sourire qui voulait dire : *Tu vois à quoi tu n'as pas droit, puceau*. Ça l'excitait de me rendre témoin de sa perversion. Elle ignorait que ce qui était tapi au fond de moi était bien plus lubrique que tout ce qu'elle pouvait imaginer ou faire. Comme je ne le montrais pas, elle ne pouvait pas se douter. Pour elle, j'étais le type sérieux, chiant et lisse, qui avait de bonnes notes et ne comprenait rien à la vie. Le manège dura une bonne demi-heure jusqu'à ce que ce pauvre Aymeric se réveille. Cet instant restera figé dans ma mémoire comme la plus pure représentation du vice féminin. À quatorze ans, elle avait son mec sur les genoux qui dormait et son ex qui la caressait sans aucune équivoque, le tout sous mes yeux, qu'elle pensait choquer. *Quelle merveilleuse salope !* me dis-je en constatant que je bandais.

De ce jour à celui où j'écris ces lignes, je n'ai cessé de penser à ce moment. Des milliers de fois, dans mes songes éveillés ou pas, j'ai été Sébastien Claudel, Aymeric Cardon, Christophe Vantigem et tous les mecs qui lui étaient passés dessus. Elle m'a branlé à s'en user les doigts. Elle m'a sucé. À avalé. Je l'ai prise partout. Je l'ai sodomisée dans ce bus, devant les profs. J'ai reniflé ses pieds, léché ses orteils sales, pincé ses tétons, sniffé ses orifices. J'ai imprimé mes doigts sur son cul en la fessant. Je lui ai tiré les cheveux, léché l'anus. Elle m'a même dit « je t'aime » avant que je la gifle. Toute ma vie, à travers la multitude de femmes que j'ai possédées, j'ai cherché à baiser Isabelle Dereu. À réparer cette injustice de ne pas l'avoir eue l'année de mes quatorze ans.

Il y a quelque temps, sur internet, j'ai trouvé une photo d'elle. Elle avait désormais trente-trois ans, les cheveux très courts. Elle avait pris beaucoup de poids. Peut-être à cause d'une ou plusieurs grossesses. Son visage était bouffi. Ses dents, jaunes, à cause de la clope. Elle avait perdu tout son charme. Seuls ses yeux de chat ne laissaient pas de doute sur son identité. J'avais vite fermé la page *Copains d'avant* où j'avais déniché ce cliché, décrétant que ce n'était plus elle. Non, ce n'était pas elle, ça ne pouvait pas être elle : Isabelle Dereu devait rester ce fantasme figé à jamais dans le temps en 1993, une bulle éternelle dans les méandres de ma mémoire.

CHAPITRE 36

Borgo San Lorenzo, ferme de Gianni Moser, 20 mars 2013

— Nous sommes les enfants pauvres de la perversion, voilà tout. Que feraient tous ces producteurs et ces acteurs de cinéma s'ils ne pouvaient pas faire pression avec leur pouvoir ou leur pognon pour baiser des actrices ou des maquilleuses ? Ils calmeraient leurs ardeurs ou bien ils les violeraient et les tueraient (s'ils avaient la certitude de ne pas être arrêtés), vous pensez ? Vous croyez qu'ils ont plus de respect pour les femmes que nous ? Non, pour eux ce sont des bouts de viande, des trous où fourrer leur zob. C'est pareil pour les types qui sifflent une fille en terrasse et font des commentaires grivois. Des bêtes, comme nous, des animaux. Des prédateurs. Ce qu'ils portent en eux n'est pas plus reluisant que ce que nous avons en tête. Ils ont juste un autre moyen de répondre à leurs pulsions, ou ils sont prisonniers de la morale, mais ce sont des types comme nous. Les religions ont été inventées pour ça. « Tu ne tueras pas », en voilà un principe grandiose ! Mais si nous ne portions pas les germes de la destruction en nous, nous n'aurions pas été obligés de graver dans le marbre une telle banalité. A-t-on écrit « Tu respireras chaque seconde et tu pisseras tous les jours » dans cette foutue Bible ? déclara-t-il en éclatant d'un rire gras qui fit onduler la graisse de son bide gélatineux à moitié posé sur la table.

J'étais stupéfait par ce qu'il disait parce que j'aurais pu tenir, mot pour mot, les mêmes raisonnements, alors que je pensais être unique, jusque-là. C'était troublant. À un point tel que j'avais l'impression de voir le reflet de mon âme dans un miroir. Et ce que j'y voyais ne me plaisait pas. Cela me renvoyait à ma propre médiocrité de mâle hétérosexuel névrosé. Je me dégoûtais soudain, extérieur à moi-même, me jugeant à l'aune de mon horrible vérité, comme aurait pu le faire ce con de Camille. J'avais envie de sortir en courant et de rejoindre Kurt pour me défoncer avec lui, mais je ne pouvais quand même pas renoncer, après tant de chemin parcouru. Le tic-tac obsédant me rendait fou. Putain d'horloge ! Je n'avais pas envie de ressembler à ce petit gros à poil avec sa petite bite. Il était tellement laid, hideux de corps et d'esprit. J'avais envie de mourir. Dans mon cerveau malade s'était fixée, avec le tic-tac, la mélodie de *I hate myself and I want to die* (je me déteste et je veux mourir) de Nirvana :

Runny nose and runny yolk
(Nez qui coule et jaune d'œuf coulant)
Even if you have a cold still
(Même si tu as encore la crève)
You can cough on me again
(Tu peux continuer à me tousser dessus)
I still haven't had my fulfill
(Je n'ai toujours pas été comblé)

— Et votre enfance ? Vous avez connu des traumatismes ? Avec vos parents ? Avec des femmes ? demandai-je, en prenant sur moi pour terminer ce que j'avais commencé et désiré depuis des années.

— Aucun traumatisme avec mes vieux. J'ai eu une jeunesse tout à fait normale. Une mère aimante, un père qui travaillait dur mais ne me battait pas. J'adorais les chats. Les chats sont comme nous. Ils tuent par instinct et par plaisir, pas que pour manger. Les femmes ? C'est autre chose. Les femmes sont le poison. Notre instinct animal de reproduction nous pousse vers elles, et au lieu de se contenter de cela, elles en rajoutent. Elles se pomponnent, portent des décolletés, des jupes très courtes. Elles veulent nous rendre fous et elles y parviennent. Leur seul but est de nous mettre le grappin dessus pour être en sécurité affective, mais surtout financière. Elles aguichent et ensuite se plaignent d'être harcelées. Elles ne le font peut-être pas exprès mais j'en doute. Elles aiment l'argent. Nous on veut leur cul et elles, elles veulent notre fric. Quand un type divorce, à quoi pense-t-il ? À la chatte de sa maîtresse. Quand une femme le fait, elle n'a qu'une obsession : garder la maison et plumer son mari. C'est une différence fondamentale et instinctive, inscrite dans nos gènes. Croire que deux êtres aussi fondamentalement différents peuvent s'aimer est une pure connerie ! Je l'ai compris très tôt, à mes dépens. Je me suis fait avoir tant de fois. Surtout par une de ces salopes qui m'a brisé le cœur. Et quand tu as le cœur brisé, que reste-t-il ? L'instinct de mort et de domination. Si j'étais un tueur, le moteur de ma folie serait, sans aucun doute, une femme. La femme en question, pour moi, s'appellerait Georgina. J'avais dix-sept ans. On est sortis ensemble. Elle me disait qu'elle m'aimerait toujours. Même si j'étais petit. Même si j'étais laid. Même si j'avais un zob minuscule. Même si je ne bandais pas. Elle affirmait que frotter sa chatte sur mon zob mou suffisait à son plaisir, que les gouines faisaient comme ça et que ça leur convenait très bien. Et puis le lendemain d'un premier de l'An, on a discuté de nos familles. Elle croyait que mon grand-père était Toni Moser, un riche propriétaire terrien, parce que je portais le même nom, que le village était petit et que les Moser ne couraient pas les rues. Je lui ai dit que ce n'était pas le cas. Sur le moment elle n'a pas eu de réaction, comment dire, négative. Elle m'a même sucé. Enfin, elle a essayé. Mais quinze jours plus tard, elle me quittait pour le petit-fils de Toni, un grand type encore plus moche que moi. Ils se sont mariés, quelques années plus tard. Elle l'a trompé avec tout le village, ce con. « Le Cornu », on l'appelait. Quand le vieux et son mari sont morts, elle a hérité. Maintenant c'est elle la riche propriétaire terrienne. Si j'étais un tueur en série, c'est cette salope de Georgina que je tuerais par procuration à chacun de mes meurtres, répondit-il, ébranlé pour la première fois depuis mon arrivée, alors que jusque-là il avait été très calme, comme un animal au sang-froid.

Je pensai à Isabelle Dereu, à ce qu'elle avait fait dans le car qui nous emmenait à Londres, quand elle s'était laissé peloter par Sébastien alors que son mec, mon meilleur pote de l'époque dormait sur ses genoux. Il y avait du Georgina en elle. Garce ! J'étais déstabilisé par la tournure de cette rencontre avec Moser. J'avais pourtant mille questions à lui poser, mais elles me paraissaient désormais ridicules. J'avais de plus en plus envie de me sauver et de me droguer avec Kurt, jusqu'à perdre conscience et oublier, oublier pour toujours. Mais le *Mostro* n'en avait pas fini avec moi.

— Vous avez été humilié par des femmes aussi, je me trompe ? demanda-t-il avant de terminer sa tasse de café.

Je ne répondis pas. À la place, j'allumai une autre clope.

— T'as rien à dire, Thomas ? Tu viens ici me casser les burnes à 8 heures du matin, tu me poses quatre ou cinq malheureuses questions et puis t'as déjà plus rien à dire ? me tutoya-t-il soudain en se levant et en prenant appui sur la table avec ses poings, menaçant.

Ce fut la seule fois dans ma vie où je ressentis de la peur. Je tenais mon téléphone dans la main, prêt à appuyer sur « envoyer » pour alerter Kurt avec mon SMS préécrit.

— Je plaisante, Thomas, je plaisante ! Si j'étais un assassin, te tuer ne me procurerait aucune jouissance. Je ne pourrais pas lire la terreur dans tes yeux, parce que la mort ne te terrifie pas. Elle t'attire, même. Je ne te ferais pas ce plaisir, affirma-t-il en se rasseyant.

Je posai mon téléphone sur la table pour enfiler ma veste en jean que j'avais posée sur le dossier de la chaise en arrivant.

— Je pense qu'on en a terminé. Mais avant que tu partes, j'aimerais te faire un cadeau, fit-il en ouvrant un tiroir situé sous la table. Il en sortit un petit objet métallique qu'il me tendit et que j'attrapai. C'était la douille d'une balle de calibre 22 long rifle de la marque Winchester, frappée de la lettre H.

Un frisson me parcourut le dos. Je me surpris à trembler. L'autre partie de cette balle s'était, de façon presque certaine, logée dans le corps d'une des victimes du Monstre entre 1968 et 1985. Sans réfléchir, je la rangeai dans la poche de ma veste et je me levai. Le tic-tac de l'horloge allait me faire éclater la tête si je restais dans cette pièce une minute de plus. Je me dirigeai vers la porte qui était restée ouverte et je sortis dans un état second, sans même saluer Moser.

CHAPITRE 37

Herblay-sur-Seine, avril 1994

Samedi. 13 h 50. Encore aujourd'hui, je peux me souvenir du moindre détail de cet après-midi-là, ce qui est très rare, pour moi. J'étais seul dans ma chambre, en slip, pas douché (je m'étais réveillé à midi passé), allongé, autour de la tête un bandana rouge à la Axl Rose pour éviter que mes cheveux longs tombent sur mes yeux. Les murs blancs tapissés de papier à peindre. Mes posters de Metallica, Suicidal Tendencies et Nirvana. Le linoleum clair au sol qui avait remplacé la moquette des années 80 parce que j'étais allergique aux acariens. Mon lit à barreaux de 160 alors qu'à quatorze ans, je mesurais presque 1m80. Mon bureau en métal et verre sur lequel étaient posés mes livres de cours. Ma chaise noire aux pieds métalliques. Ma petite armoire à fringues blanche. Cette table de nuit dans laquelle je planquais mon Opinel et quelques photos de filles à poil déchirées dans des magazines. Et le meuble le plus important de tout mon petit monde : celui sur lequel était posé mon trésor le plus précieux, ma chaîne hi-fi Sony noire 90 watts avec lecteurs de cassettes et CD, et mon casque audio. En dessous, dans les tiroirs, une trentaine de disques, et des bandes sur lesquelles j'avais passé des heures à enregistrer mes morceaux préférés. Une fenêtre qui donnait sur une rue peu passante, avec un rideau qui pendait et occultait la lumière du jour que je supportais mal.

J'étais censé réviser. En fait je ne faisais rien. Je glandais. Je m'étais touché plusieurs fois en imaginant baiser Isabelle Dereu. J'avais essuyé mon sperme avec du Sopalin que j'avais balancé par terre à côté de mes chaussettes sales de la veille, ayant pour objectif de faire disparaître ces reliquats de branlette chronique dans les chiottes à grands coups de chasse d'eau avant le retour de ma mère.

N'ayant rien de mieux à faire, j'écoutais Fun Radio. Le soir, sur la même fréquence, il y avait *Lovin'Fun*, l'émission du Doc et Difool estampillée « sexe, capote et rock'n'roll », où des ados de notre âge s'interrogeaient sur leur sexualité. Dans un épisode passé à la postérité, qu'on peut réécouter aujourd'hui sur YouTube, un mec racontait que son pote se branlait dans un gant de toilette rempli de nouilles tièdes. Ce printemps-là, l'émission battait des records d'audience. J'imagine que de nombreux pervers l'écoutaient. Il m'arrivait souvent de me masturber en écoutant des filles y parler sans aucune pudeur de leurs expériences. Cette émission serait interdite, aujourd'hui.

Ce 9 avril, tout était tranquille. Il faisait beau et bon dehors. J'avais entrouvert ma fenêtre pour respirer l'odeur du printemps qui arrivait. Mes parents étaient partis se balader. L'animateur, Stéphane, de mémoire, déroula une courte playlist. *7 Seconds* de Youssou N'Dour et Neneh Cherry et trois titres de R.E.M, *Losing My Religion, Shiny Happy People* et *Everybody Hurts.*

Puis, sur le 101.9 FM, ce fut l'heure du flash info. C'était la guerre au Rwanda, les Tutsis se faisaient massacrer. Balladur avait retiré son Contrat d'insertion professionnelle sous la pression des jeunes, et en Italie, Silvio Berlusconi venait d'arriver au pouvoir. En Algérie, des femmes se faisaient tuer pour avoir refusé de porter le voile.

Je n'avais rien à foutre de toutes ces nouvelles qui ne me concernaient pas vraiment. J'écoutais d'une oreille distraite quand le journaliste annonça... la mort de Kurt Cobain.

Le corps gisant et la tête fragmentée du leader de Nirvana avaient été retrouvés, la veille, dans sa maison de Seattle. Il s'était tiré une balle dans le crâne. Mon monde s'arrêta de tourner. Je me figeai. Pétrifié. En 1994, quand on avait treize, quatorze ou quinze ans, on entrait en grunge comme on entrait en religion. Je connaissais par cœur tous les « textes fondateurs ». Pour moi, Dieu venait de mourir. Je me souviens m'être levé, avoir ouvert la porte de mon armoire à fringues, avoir enfilé un jean et un tee-shirt noirs. Comme beaucoup d'autres dans ma classe, je garderais le deuil pendant deux mois, me renfermant sur moi-même. À l'époque, il n'y avait ni réseaux sociaux ni téléphone portable. La peine ne se partageait pas. Elle se vivait seul, de l'intérieur, et ne s'exhibait pas comme des photos de vacances.

Plus tard, j'appris que Kurt Cobain était, en fait, d'après les légistes, mort le 5 avril et pas le 8. On pouvait donc être l'idole de toute une génération, une star internationale blindée de thunes, marié, père de famille, avoir un producteur, un groupe, des potes, des agents, être courtisé par tous ces connards de journalistes, avoir des millions de fans, et se décomposer pendant trois jours, seul, baignant dans son sang, sans que personne s'inquiète une seconde. Ce n'était même pas un proche qui avait trouvé le corps, mais un électricien venu faire des travaux ! Si Dieu pouvait pourrir comme ça, soixante-douze heures durant, dans l'indifférence générale, qu'en était-il de nous, pauvres mortels ? Cela m'éclaira sur ce qu'était l'être humain : un monstre froid d'égoïsme.

À quoi ça rime ? À quoi ça rime ?

Ça me bouleversa, ça cassa mes codes.

Cobain avait compris tout cela. On retrouva une lettre à côté de son cadavre. Elle était adressée à Boddah, son ami imaginaire pendant son enfance. À la fin de celle-ci, cette phrase empruntée à la chanson *Hey Hey, My My* de Neil Young : « Mieux vaut brûler franchement que s'éteindre à petit feu. »

CHAPITRE 38

Borgo San Lorenzo, ferme de Gianni Moser, 20 mars 2013

À l'extérieur de la ferme, je retrouvai Kurt dans la voiture en train d'écouter de la musique, l'album *Dry* de PJ Harvey, et de fumer un joint.

— Putain d'album ! lança-t-il, cool comme toujours.

— Passe-moi ton pet', mec, j'en ai besoin, dis-je, très perturbé.

Je tirai quatre grosses lattes successives, mais je savais déjà qu'elles ne suffiraient pas à m'apaiser. Il me fallait du dur.

— On va se trouver un coin tranquille pour se faire un shoot. T'as ce qu'il faut avec toi ? demandai-je en m'apprêtant à démarrer le moteur.

— J'ai toujours ce qu'il faut, Tom !

D'instinct, je portai la main à ma poche pour y prendre mon téléphone. Il n'était pas là.

— Putain, je l'ai oublié à l'intérieur, pensai-je tout haut.

— Quoi ? demanda Kurt.

— Mon Blackberry, répondis-je. Viens avec moi, on va le chercher.

Je n'osai lui dire que j'avais peur, peur d'y retourner seul. La porte était toujours ouverte.

— Moser ? nous annonçai-je.

Pas de réponse.

— Moser ? répétai-je, plus fort.

Toujours aucune réponse. Nous passâmes alors le seuil et entrâmes dans le séjour de la ferme pour y découvrir… Gianni Moser pendu à la poutre principale, oscillant sur lui-même, les yeux exorbités, la langue tirée, déjà légèrement cyanosée, et sa minuscule queue en érection. Raide mort. Il s'était chié dessus. J'attrapai mon téléphone à la volée.

— On dégage, Kurt, vite ! ordonnai-je.

Nous sortîmes à toutes jambes, refermant la porte derrière nous pour qu'elle n'attire pas l'attention, et nous montâmes dans la voiture. Je démarrai en regardant aux alentours. Je ne vis personne, et par chance, le brouillard toujours présent rendait la visibilité très mauvaise.

— On n'aurait pas dû appeler les secours ou les flics ? demanda Kurt d'une petite voix, sonné par ce qu'il venait de voir.

— Surtout pas ! Tu imagines ? Deux types étrangers à moitié défoncés, avec de l'héro sur eux, qui se trouvent dans la ferme d'un vieux qui vient de se pendre… On serait tout de suite soupçonnés de l'avoir buté pour lui piquer son pognon en faisant passer ça pour un suicide. Les flics ne sont pas des rigolos, dans ce pays ! dis-je en m'éloignant de la ferme qui disparaissait petit à petit dans le rétroviseur.

— Mais pourquoi il a fait ça, putain ? m'interrogea-t-il, me fixant, les yeux ronds comme des billes.

— J'en sais rien, mec, mentis-je.

En fait, je pensais connaître l'explication de cet acte. Moser s'était livré pour la première fois à quelqu'un, j'en étais certain. Pour lui, c'était une sorte de confession, même s'il n'avait jamais avoué de façon claire être le Monstre de Florence. Il avait vidé son sac, et en le faisant, il avait peut-être, comme cela avait été le cas pour moi, touché du doigt sa médiocrité et vu tout ce qu'il y avait de plus laid en lui. Cela avait dû être un véritable électrochoc. Considérant qu'il était arrivé au bout du chemin et craignant peut-être que je le dénonce aux flics, malgré ce que j'avais dit, il avait décidé d'en finir et d'emporter avec lui ses secrets. J'étais persuadé qu'il n'en était pas à sa première TS. Un type comme lui ou moi vit en permanence sur la frontière entre la vie et la mort.

Kurt se referma sur lui-même, prostré contre la portière, les jambes repliées, les mains entre les genoux, le regard dans le vide. Il avait le visage pâle et je devinai qu'il était en proie à l'une des terribles douleurs d'estomac inexplicables qui le terrassaient parfois. Il était très choqué et je savais pourquoi. Un matin, sur la route du collège quand il était en quatrième, alors qu'il se trouvait avec deux potes, il avait coupé à travers bois et avait, en effet, découvert le cadavre d'un homme qui s'était pendu à un arbre la nuit précédente. Kurt connaissait la victime, le frère d'un ami. À ce qu'il m'avait raconté, le corps formait un angle bizarre et ses membres tordus ajoutaient encore à l'horreur de la scène. Il avait regardé le macchabée se balancer au vent durant près d'une heure, en attendant l'arrivée des premiers secours et même après, jusqu'à ce qu'un adulte ait enfin l'idée de le mettre à l'écart. Mais le mal était fait : Kurt avait développé une fascination morbide pour le suicide. Cela le fascinait et le terrorisait à la fois. On retrouvait d'ailleurs souvent des pendus dans les dessins qu'il exécutait. La vue de Moser au bout de cette corde accrochée à cette poutre avait, c'est évident, réveillé ce terrible souvenir.

Nous avions fait trois cents mètres à peine lorsque mon téléphone sonna. C'était Camille. Je décrochai, Bluetooth activé, de sorte que nous l'entendîmes depuis les enceintes de la voiture :

— Vous êtes où ? J'ai fait le tour de toutes les cliniques depuis 6 heures ce matin. Aucune trace de Francesca, fit-il, affolé.

— On est allés rendre visite à Moser, répondis-je.

— Moser ! Voilà ! C'est pour ça que je t'appelle. Je pense que c'est lui qu'elle est allée voir après avoir interviewé la prostituée, m'interrompit-il avec un rythme de paroles très élevé.

— En pleine nuit, elle serait allée le voir ? Je n'y crois pas, je t'ai dit, contestai-je.

— Si ! C'est certain ! Elle a voulu savoir s'il possédait une Golf blanche. Elle m'a dit qu'il était son principal suspect et elle voulait sortir un article coup de poing. Sans avoir vérifié cette information, c'était impossible, pour elle, je pense, de publier, insista-t-il.

Il n'avait peut-être pas tort. Les journalistes quand ils font leur job sont de vrais fouille-merdes, mais ils vérifient tout.

— Ouais, possible. Mais on a un problème alors, Cam... Moser vient de se suicider. Avec Kurt, on l'a retrouvé pendu dans son séjour, après que je lui ai parlé, avouai-je à Camille alors que j'avais prévu de l'informer de ce fait de visu.

— Pendu ! Putain, ça confirme, pour moi ! Il a dû se sentir acculé. Elle est chez lui, j'en ai la certitude ! Vous êtes loin de la ferme ? demanda-t-il.

— Non, mais si on se fait prendre là-bas, on est morts, mec ! Les flics ne comprendront jamais ce qu'on foutait chez lui et on risque d'être accusés de l'avoir buté ! opposai-je à Camille.

— Tom, elle est certainement chez lui, entre la vie et la mort ! Tu veux qu'elle crève ? Allez-y, merde ! Allez-y tout de suite ! Chaque minute compte ! s'emporta-t-il sans que cela fasse réagir ou même bouger Kurt, toujours prostré contre sa portière.

Au même moment, nous passâmes au droit du chemin de terre du hameau de Rabatta, où Pasquale Gentilcore et Stefania Pettini avait été assassinés en 1974, là où Camille avait rencontré Francesca Lombardi deux jours plus tôt. Pour une raison que j'ignorais à cet instant, j'eus un flash en voyant la grange dont j'avais cru qu'elle était abandonnée, avant d'apprendre qu'elle appartenait à Gianni Moser. Celui dont je pensais qu'il était le *Mostro* m'avait d'ailleurs parlé de cette grange. J'eus alors l'intime conviction que la journaliste était à l'intérieur.

— OK, on y retourne, abrégeai-je avec Camille avant de raccrocher.

Cent mètres plus loin, je fis demi-tour.

— On retourne chez le pendu ? Je reste dans la bagnole, moi, s'inquiéta Kurt.

— Non, on va vérifier un truc, répondis-je, en tournant dans le chemin agricole.

Je me garai à quelques mètres de la grange.

— Viens avec moi, mec ! Je pense que la nana de Camille est là-dedans, intimai-je à Kurt.

Il hésita un petit moment, déplia ses jambes et finit par sortir de la voiture, se tenant courbé, ce qui me confirma qu'il souffrait de sa douleur récurrente à l'estomac. Nous nous dirigeâmes vers le bâtiment délabré.

CHAPITRE 39

Herblay-sur-Seine, 1986

L'un de mes premiers souvenirs remonte à l'âge de six ans. C'était le soir. Il faisait noir, j'étais en pyjama mais pas encore au lit. Ma mère était dans la cuisine en train de faire la vaisselle, mon père dans le salon devant la télé. Elle s'était mise à parler toute seule et assez fort pour que j'entende. Je ne sais pas si lui entendait aussi, mais si c'était le cas, cela ne l'avait pas fait réagir. « Toutes des salopes ! Des garces ! », avait-elle dit, avec beaucoup de haine dans le ton utilisé. Je ne savais pas trop ce que ces mots voulaient dire (je le compris un peu plus tard), mais ils s'imprimèrent à jamais dans mon esprit et m'accompagnent encore au moment où j'écris ces lignes. Elle était comme possédée. Je pouvais distinguer son visage, de là où j'étais. Il était déformé par la rage et la douleur, et il me sembla qu'elle pleurait. Je n'osais pas bouger. J'avais observé cette scène en silence, assis par terre sur le carrelage froid, dans un coin de la cuisine, serrant fort mes jambes repliées sur mon torse et me balançant d'avant en arrière. « Salopes ! Toutes des putes ! Des salopes ! », avait-elle répété plusieurs fois en serrant les dents. Cela m'avait paru durer une éternité, et même si j'ignorais le sens de ces insultes, j'avais fini par mettre mes mains sur mes oreilles pour ne plus entendre.

Voilà le premier et l'un des seuls souvenirs clairs de mon enfance. Rien de grave, me direz-vous. Camille avait vécu à peu près la même chose, à ce qu'il m'avait dit, et cela n'avait pas modifié le cours de sa vie. J'appris bien plus tard que ce soir-là, ma mère avait découvert que mon père avait une maîtresse. Par la suite, la scène s'était répétée presque tous les jours, pendant des années, jusqu'à mes seize ans, devenant une sorte de normalité dans mon référentiel familial.

Des salopes ! Des putes ! Des garces !

CHAPITRE 40

Hameau de Rabatta, Borgo San Lorenzo, grange de Gianni Moser, 20 mars 2013

Au fur et à mesure que nous avancions vers la grange, à chaque pas, j'éprouvais un sentiment de déjà-vu de plus en plus prégnant, accompagné de vertiges intenses, au point que je dus faire une pause.

— Ça ne va pas, mec ? me demanda Kurt, constatant ma très soudaine mais violente détresse.

Je fus incapable de répondre. Par flashs, je me revoyais au même endroit, dans ce chemin de terre, en pleine nuit alors que je n'y avais foutu les pieds qu'une fois, et de jour. J'avais du mal à garder les yeux ouverts. La réminiscence du tic-tac de l'horloge de Moser me fusillait les neurones.

Tic-tac, tic-tac, tic-tac…

Puis, d'un seul coup, des images saccadées s'imprimèrent sur ma rétine, disparurent, revinrent. Aveuglantes. Stroboscopiques. Le corps pendu du *Mostro*. Karolina, la pute, défigurée. Isabelle Dereu. Une assiette de pâtes. Un verre à pied. Ma mère qui gueule « Toutes des putes, toutes des salopes ! ». Un sac à main noir. Des clés. Un flacon contenant un aérosol de Kolokol-1. Une fille superbe, nue. Mon père dans un canapé. Moi traînant quelque chose de très lourd sur le sol. Un sandre que j'avais pêché. Une pute crucifiée sous un pont. Des lignes de coke. Le vide par la fenêtre de ma chambre d'étudiant. Kurt qui joue de la guitare. Un bébé mort. Un intestin. Du sang. Beaucoup de sang. Une rue très sombre et très étroite. Une voiture. Une copie de classe portant la mention « Nul ». La lame d'un couteau. Le visage de Francesca Lombardi.

— Mec ! hurla Kurt, alors que j'étais tombé à genoux sur le sol, tenant ma tête entre mes mains, persuadé qu'elle allait exploser.

Il me gifla, pensant que je faisais un *bad* trip, même si je n'avais tiré que quatre lattes sur un pétard, depuis mon réveil. Je retrouvai un peu mes esprits. Mais le tic-tac était toujours là, obsédant. Je me relevai et continuai à avancer vers la grange.

— Tom, ça va ? insista Kurt devant mon visage décomposé.

Je ne l'écoutais pas. Je l'entendais à peine. Je marchais, ou plutôt je titubais vers la grange. Lorsque je fus devant sa porte en bois pourri, j'eus un nouveau flash. Je me vis l'ouvrir dans l'obscurité. *Putain, qu'est-ce qu'il m'arrive ?* me dis-je, moi qui étais pourtant habitué au delirium, avec toutes les drogues que je m'administrais. Je tournai la poignée mais la porte était bloquée. Je mis un coup d'épaule dedans. Le bois craqua et le battant s'ouvrit. À l'intérieur, il faisait très sombre. Seuls quelques rayons de soleil qui commençaient à percer l'épais brouillard au-dehors trouvaient un chemin dans les vides laissés par les tuiles cassées de la toiture, et apportaient une petite visibilité. Ma vision était troublée par un voile mais je la vis : Francesca Lombardi, nue, pieds et poings liés, du chatterton sur la bouche, attachée à un vieil anneau prévu pour les vaches ou les chevaux. Camille avait donc raison : Moser, le *Mostro*, avait fait le coup. Le tic-tac me broyait la tête.

Tic-tac, tic-tac, tic-tac…

Je m'approchai de la journaliste. Elle était en vie. Son corps se tendit en me voyant. Je me penchai sur elle, ôtai son bâillon. Kurt s'accroupit juste à côté. Un faisceau de lumière lui éclairait le visage. Il ressemblait à un ange. La pauvre fille semblait incapable de parler. Elle pleurait, bouleversée. De ma poche de jean, je sortis l'Opinel que je portais toujours sur moi et avec, je coupai les liens qui entravaient ses chevilles et ses poignets. Je tombai de nouveau à genoux.

— Camille..., murmura-t-elle d'une voix très faible.

Je fixai ses lèvres, pensant avoir mal compris.

— Kurt, appelle une ambulance ! ordonnai-je à mon ami qui tenait la main de la victime.

— Camille, répéta-t-elle en me regardant.

— Elle délire. Kurt, dépêche-toi d'appeler les secours ! m'agaçai-je.

— À qui tu parles, Camille ? insista-t-elle en se tournant dans la direction de Kurt.

À Kurt, allais-je dire en regardant aussi vers lui. Mais Kurt s'était volatilisé en une fraction de seconde. Atomisé. Alors, l'intensité du tic-tac augmenta encore et tout se mit à tourner autour de moi. Des souvenirs précis me revinrent. Je me vis à la sortie du restaurant où Camille avait dîné avec Francesca. Je les observais. Ils s'embrassèrent langoureusement et se séparèrent. Je la suivis jusqu'à sa voiture. Là, au moment où elle ouvrait sa portière, j'arrivai dans son dos et lui plaquai un chiffon imbibé de l'aérosol de Kolokol-1 sur le nez et la bouche. Elle s'endormit très vite. Je la saisis sous les épaules pour l'installer sur la banquette arrière de son véhicule. J'attachai ses mains et ses pieds avec des Serflex. J'obturai sa bouche avec plusieurs couches de chatterton et je lui bandai les yeux en serrant très fort, ajoutant deux tours d'adhésif au-dessus du bandeau pour que cela tienne bien. Puis je récupérai ses clés, m'installai au volant de sa Punto et démarrai en direction de cette grange. Dans le rétroviseur intérieur, je me vis. J'étais Camille.

J'étais Camille, putain !

Le bruit du tic-tac était devenu insupportable. Je perdis connaissance et m'écroulai sur le sol.

CHAPITRE 41

Santa Maria Nuova Hospital de Florence, 22 mars 2013

Je vous livre tout ce qui suit tel que cela m'a été raconté.

Après vingt-huit heures de coma, Camille se réveilla dans une chambre d'hôpital, n'ayant aucun souvenir de mon existence et de celle de Kurt.

C'était bien normal puisque nous n'avions jamais existé.

Camille souffrait d'un sévère trouble dissociatif de l'identité.

Il s'était inventé une relation bien réelle avec le leader du groupe Nirvana, lorsqu'il avait tenté de se suicider pour la première fois en se jetant par la fenêtre de sa chambre d'étudiant.

Puis quelque temps plus tard, une autre personnalité avait investi son esprit et son corps, Thomas : moi. Je n'étais qu'une projection de sa part sombre, un être virtuel auquel il attribuait une réalité.

Francesca Lombardi était là, à son réveil, persuadée qu'il l'avait sauvée d'une mort certaine, convaincue d'avoir été enlevée par Gianni Moser, celui dont elle était sûre qu'il était le Monstre de Florence. Elle fut très reconnaissante, voyant en mon « double angélique » un prince charmant des temps modernes. Les deux amants entamèrent une relation passionnée qui, par sa puissance, débarrassa Camille de son TDI. Il était guéri et n'avait même aucune conscience d'avoir souffert de ce trouble. Fous amoureux, ils projetèrent de se marier l'année suivante…

Si vous aimez les happy ends, je vous conseille d'arrêter là votre lecture.

À ce moment précis, du néant où je me trouvais, je ne désirais qu'une seule chose, je vous le jure : que tout reste ainsi.

ÉPILOGUE

Camille dénonça Gianni Moser qui fut retrouvé chez lui dans un état de putréfaction avancée, cinq jours après s'être pendu. Il fut reconnu coupable de l'enlèvement de Francesca, mais aucun élément, dans l'enquête qui suivit, ne permit de dire qu'il était le Monstre de Florence. Lors des perquisitions, les flics ne retrouvèrent pas l'arme du crime, pas d'effets personnels volés aux victimes ni aucune autre preuve qui aurait pu l'incriminer avec certitude.

La Golf blanche portant un autocollant du club de foot de Cagliari ne fut jamais retrouvée. Avait-elle seulement existé ?

Un an plus tard, une prostituée fut découverte morte, massacrée. Un homme de cinquante-cinq ans, Riccardo Viti, fut arrêté chez lui, dans la banlieue de Florence. Petit rondouillard au crâne dégarni, il avait davantage l'allure d'un quinquagénaire tranquille que d'un tueur psychopathe. Le type ne tint pas longtemps face aux policiers qui perquisitionnaient son domicile. « Je ne pensais pas qu'elle était morte, j'ai fait une connerie », assura-t-il devant les officiers à sa mère, qui vivait dans l'appartement voisin du sien. « Je ne sais rien, je ne sais pas ce qu'a fait mon fils, allez demander à la police. Je suis dans le désespoir le plus complet », déclara-t-elle aux journalistes. Emprisonné, il fut placé à l'isolement. Décrit comme un homme « gentil, un peu brut, étrange et parfois puéril » par ses voisins, Riccardo Viti avait violé, torturé et tué

Andrea Cristina Zamfir, une Roumaine de vingt-six ans dont le corps nu et agenouillé avait été retrouvé accroché sous un pont d'autoroute pas loin d'Ugnano dans la nuit du 4 au 5 mai. La jeune femme, décrite dans la presse italienne comme étant une prostituée accro à la drogue, avait été crucifiée à l'aide de bandes adhésives. D'autres délits similaires furent déterrés et attribués à Riccardo Viti, qui vivait avec son épouse et le fils qu'elle avait eu d'une précédente union. Son ADN fut retrouvé sur le corps de la victime. Au chômage depuis plusieurs années, il s'était mis à aider son père, plombier. Le quinquagénaire avoua aux policiers avoir pris l'habitude de proposer des « jeux érotiques » à des prostituées, qu'il alpaguait depuis sa camionnette. L'homme profitait du sommeil de sa femme pour partir, la nuit, à la recherche de victimes. « Elle se couche tôt le soir, car elle se lève tôt pour aller travailler », raconta-t-il aux enquêteurs. « Je ne supporte pas de rester le soir à la maison. Je sors, mais c'est dehors que je deviens dangereux. J'ai fait une connerie », leur répéta-t-il. « Je pensais que vous la retrouveriez comme les autres. » Le meurtre d'Andrea rappelait, en effet, six autres crimes qui avaient été commis depuis 2006 dans la région de Florence – mais à chaque fois les victimes avaient survécu aux viols et aux coups. Après l'arrestation de Viti, plusieurs prostituées s'étaient rendues dans des commissariats, décrivant le même type d'homme au visage ovale, mesurant entre 1m70 et 1m75. En 2012, déjà, son nom était arrivé jusqu'aux flics. Il avait été surpris en pleine dispute avec une pute, en désaccord sur le tarif d'une de ses prestations. Les autorités avaient alors noté la plaque d'immatriculation de sa camionnette. Évidemment, Viti ne pouvait pas être le *Mostro* non plus, dans la mesure où il était enfant au moment des premiers meurtres fin 60, début 70.

Le mystère du Monstre de Florence restait donc entier.

Six mois après leur rencontre, Francesca Lombardi trompa Camille avec un de ses ex, pendant une soirée passée en discothèque. Il fut dévasté au point qu'il me ressuscita. Et petit à petit, je pris toute la place dans le corps que nous partagions.

Kurt ne revint plus me rendre visite, car je m'acceptais enfin tel que j'étais et j'avais envie de vivre.

Quelque temps plus tard, je commis mon premier délit qui me valut un court séjour en prison.

Lors de ce séjour, un psychologue m'expliqua que Camille et moi ne faisions qu'un, ce que je savais déjà. Il avait également conclu à une pathologie hallucinatoire rare, une forme de psychose par laquelle j'avais redonné vie à Kurt Cobain pendant toutes ces années.

Il trouva des explications à mon trouble dissociatif de l'identité dans ce que je lui avais raconté de mon enfance. Isabelle Dereu, ma mère et mon père avaient cassé un truc en moi, selon lui.

Tu sais quoi ? J'emmerde les psys ! Allez vous faire foutre !

Après ma libération, je devins celui que vous connaissez, celui que ces connards de journalistes et de flics vous ont présenté.

Qui est le pire tueur en série ? La vie, putain ! La vie est la chose la plus abjecte qui soit. Chaque jour, elle tue et torture, elle donne le cancer, arrache des membres, bute des enfants, nous emporte tous dans le trou, inflige des souffrances indescriptibles, nous offre un bonheur éphémère, puis un jour nous le retire sans aucune explication.

La vie se chargera aussi de toi.

Et on me reproche, à moi, ce que j'ai fait ! Comment l'aimer, la vie ? Je la hais ! Surtout celle des autres. La mort au moins nous accueille de façon durable et ne nous fait aucune promesse.

Je ne regrette aucun de mes crimes.

Je n'ai aucune empathie pour mes victimes.

Et j'espère que jamais vous ne lirez ces quelques pages.

Cela voudra dire que je n'ai pas été arrêté et que je poursuis mon itinéraire, une balle Winchester de calibre 22 long rifle frappée d'un H dans la poche, en écoutant *My girl* de mon ami Kurt...

My girl, my girl, don't lie to me
(Ma chérie, ma chérie, ne me mens pas)
Tell me where did you sleep last night
(Dis-moi où tu as dormi la nuit dernière)
In the pines, in the pines
(Dans les pins, dans les pins)
Where the sun don't ever shine
(Là où le soleil ne brille jamais)
I would shiver the whole night through
(J'ai frissonné toute la nuit)
My girl, my girl, where will you go?
(Ma chérie, ma chérie, où vas-tu aller ?)
I'm going where the cold wind blows
(Je vais où souffle le vent froid)
In the pines, in the pines
(Dans les pins, dans les pins)
Where the sun don't ever shine
(Où le soleil ne brille jamais)
I would shiver the whole night through
(J'ai frissonné toute la nuit)
Her husband was a hard-working man
(Son mari était un mordu du travail)
Just about a mile from here
(À environ un mile d'ici)
His head was found in a driving wheel
(On a retrouvé sa tête dans un volant)

But his body never was found
(Mais on n'a jamais retrouvé son corps)

Un jour, j'écrirai mon vrai roman et le titre en sera *You want it darker*.

Je m'appelle Thomas Kostas.

FIN